KB049307

2025 경찰헌법 윤우혁

이해를 돕는 눈으로 읽어보는 경찰헌법

윤우혁
경찰헌법조문집

gyung.conects.com

CONTENTS 차례

대한민국헌법

● 헌법의 구성

	전문	총강(제1조 - 제9조)	기본권(제10조 - 제39조)	통치구조(제40조 - 제130조)
	헌법의 성립과정, 헌법의 역사, 헌법의 기본원리 등을 규정	주권, 국민, 영토, 공무원제도, 정당 등에 관한 규정	권리장전의 성격을 가진다.	입법·행정·사법·헌법재판소, 헌법개정에 관한 규정

● 대한민국 헌정사

		기본권	통치구조
1공	건국 헌법(48년)	국민투표를 가치지 않고 국회에서 의결, 통제경제(근로자의 이익분배균점권 → 제5차개헌에서 삭제), 사회적 기본권 보장, 영토조항규정, 바이마르 헌법의 영향	대통령제 + 의원내각제, 부통령과 국무총리 둘 다 존재, 대통령 국회간선, 국무원 의결기구, 국정감사, 헌법위원회, 탄핵재판소
	제1차 개헌(52년)	발췌개헌(공고절차 위반), 대통령 직선제, 민의원의 국무원불신임권 인정	양원제를 규정했으나 실시되지 못함(헌법변천)
	제2차 개헌(54년)	사사오입개헌(의결정족수 위반) 초대 대통령 3선제한 철폐, 자유시장경제로 전환	국무총리가 없던 유일한 시기, 헌법개정금지에 대한 명문규정, 국민투표 최초규정(헌법개정에 관한 국민투표가 아니라 국가중요정책에 관한 국민투표로 국회의 의결을 가친 후 국민투표)

2공 (3.15 부정선거와 4.19로 성립)	제3차 개헌(60년)	본질적 내용 침해금지, 언론·출판에 대한 검열금지, 직업공무원제도, 위헌정당 해산제도, 중앙선거관리위원회	의원내각제, 국무원은 의결기구, 양원제 실시, 대법원장과 대법관 선거제, 헌법 재판소 규정(실시 못함)
	제4차 개헌	소급입법에 의한 처벌 근거 마련	
3공 (5.16으로 성립)	제5차 개헌(62년)	최초로 국민투표에 의한 개헌, 인간의 존엄과 가치, 직업의 자유, 인간다운 생활권, 영화·연예에 대한 검열가능, 헌법개정에 대한 국민투표 최초규정	대통령직선, 국무회의는 심의기구(이후 지금까지) 감사원설치(건국헌법은 심계원과 감찰위원회로 분리), 극단적 정당국가(무소속출마금지), 위헌법률심판권·위헌정당해산심판은 대법원이 행사, 탄핵심판위원회, 대법원장·대법관사(대법관) 임명에 법관추천회의의 제청을 요함, 가급선관위
	제6차 개헌	대통령 3선 개헌	
4공 (10월 유신)	제7차 개헌(72년)	영도적 대통령제, 본질적 내용 침해금지 삭제, 평화통일 조항(전문), 모든 법관을 대통령이 임명	대통령은 통일주체국민회의에서 간선, 통일주체국민회의에서 국회의원 정수의 1/3 선출, 국정감사제(국회법에 국정조사도입), 헌법개정의 이원화(대통령이 제안 → 국회의결없이 국민투표, 국회가 제안 → 국회의결후 통일주체국민회의에서 결정)
5공	제8차 개헌(80년)	본질적 내용 침해금지 부활, 정당에 대한 국고보조조항, 행복추구권, 무죄추정원칙, 사생활의 비밀과 자유, 적정임금, 평생교육, 환경권, 소비자보호운동	대통령은 대통령 선거인단에서 간선, 대통령 7년 단임제, 국정조사 헌법에 최초 규정(7차 개헌에서는 국정조사가 국회법에 규정)
6공	제9차 개헌(87년)	적법절차, 미란다원칙, 피해자의 재판절차진술권, 피해자구조청구권, 최저임금, 과적한 주거생활권, 자유민주적 기본질서에 입각한 평화통일	대통령 직선, 헌법재판소, 국정감사 조사 둘다 헌법에 최초로 규정

대한민국헌법전문

① 유구한 역사와 전통에 빛나는

② 우리 대한국민은 ... 국민투표에 의하여 개정한다.

③ 3·1운동으로 건립된

④ 대한민국임시정부의 법통과

⑤ 불의에 항거한 4·19민주이념을 계승하고,

⑥ 조국의 민주개혁과 평화적 통일의 사명에 입각하여 정의·인도와 동포애로써

⑦ 민족의 단결을 공고히 하고, 모든 사회적 폐습과 불의를 타파하며,

⑧ 자율과 조화를 바탕으로 자유민주적 기본질서를 더욱 확고히 하여

⑨ 정치·경제·사회·문화의 모든 영역에 있어서

⑩ 각인의 기회를 균등히 하고, 능력을 최고도로 발휘하게 하며,

⑪ 자유와 권리에 따르는 책임과 의무를 완수하게 하여,

⑫ 안으로는 국민생활의 균등한 향상을 기하고

⑬ 밖으로는 항구적인 세계평화와 인류공영에 이바지함으로써

⑭ 우리들과 우리들의 자손의 안전과 자유와 행복을 영원히 확보할 것을 다짐하면서

⑮ 1948년 7월 12일에 제정되고 8차에 걸쳐 개정된 헌법을 이제 국회의 의결을 거쳐 국민투표에 의하여 개정한다.

① 문화국가원리 명시

② 헌법개정권자가 국민임을 명시

③ "3.1 운동": 건국헌법에서부터 규정, 3.1운동에서 기본권도출은 불가

④ "임시정부": 현행헌법에서 규정, 독립유공자와 그 유가족에 대한 예우를 하여야할 헌법적 의무(현재)

⑤ "4.19": 5차 개정에서 도입, 80년 삭제, 현행헌법에서 부활. 저항권의 헌법적 근거로 보는 학설이 있지만 판례는 저항권을 부정

⑥ 유신헌법에서 도입, 자유민주적 기본질서에 입각한 평화적 통일(제4조)은 현행헌법

⑦ 민족에 대해서 전문이 규정이 있음

⑧ 자유민주주의 원리 명시

⑨ 문화국가원리

⑩ 평등원리 명시

⑪ 권리만 규정하는 것이 아니라 책임과 의무에 대해서도 명시

⑫ 사회국가원리

⑬ 국제평화주의

⑭ 인간의 자유 행복에 대해 명시

⑮ 헌법개정의 주체가 국민이며 국민투표를 통한 개정임을 명시

헌법 전문에 없는 것: 민족문화의 창달, 개인의 자유와 창의의 존중, 경제민주화, 권력분립, 권력분립, 자유선거, 자유민주적 기본질서에 입각한 평화통일
전문초개정은 5차개헌(4.19, 5.16규정)
헌법전문은 성문헌법의 필수적 구성요소가 아니다.

총강

제1조

① 대한민국은 민주공화국이다.

- 국가의 3요소: 주권, 국민, 영토
- 공화국이란 군주가 없는 국가를 말한다. 따라서 형식적 권한만을 가지는 군주라는 둘 수 없다.

제1조

② 대한민국의 주권은 국민에게 있고, 모든 권력은 국민으로부터 나온다.

- 주권은 대외적 독립 · 대내적 최고의 권력이다.
- 주권은 단일 불가분이지만 모든 권력(입법 · 행정 · 사법)은 기본적이다.

1. 헌법은 대한민국의 국가행태와 주권의 소재를 명시하고 있다. [헌법교시 19] (○)

	nation주권	peuple주권
주권의 주체	국민의 주권의 보유자이지만 행사자는 아니다. → 제한선거 → 대의제 → 자유위임(무 기속위임) → 필수적 권력분립	국민의 주권의 보유자인 동시에 행사자이다. → 보통선거 → 직접민주의 → 기속위 임 → 임의적 권력분립
대표적 주장자	A. Siéyès, Montesquieu, Locke	Rousseau

제2조

① 대한민국의 국민이 되는 요건은 법률로 정한다.

- 국적은 헌법사항이다.
- 현재: 국적선태권을 기본권으로 인식하지만 자유롭게 선택할 수 있는 것은 아니다.
- 국적단행법주의, 속인주의 · 속인주의 원칙(예외적 속지주의 보충), 부모양계통주의, 단일국적주의(예외적으로 복수 국적 인정)

1. 대한민국의 국민이 되는 요건은 법률로 정하고 있다.

   [법원9급 16] (○)
2. 헌법 제2조 제1항인 '대한민국의 국민이 되는 요건을 법률로 정한다'고 하여 대한민국 국적의 취득에 관하여 규임하고 있으나, 국적의 유지나 상실을 둘러싼 전 반적인 법률관계를 법률에 규정하도록 위임하고 있는 것으로 풀이할 수는 없다. [지방7급 18] (×)

● 국적취득의 방식

선천적 국적취득	출생에 의한 국적 취득
후천적 국적취득	인지, 귀화, 입양, 국적회복, 국적의 재취득, 수반취득 등

● 사실혼에서 출생한 자의 국적

· 법률혼의 경우에는 부모 중 한사람만 한국인이면 출생과 더불어 국적을 취득한다.

사실혼의 경우	
부(외국인) + 모(한국인)	부(한국인) + 모(외국인)
자는 출생과 동시에 국적취득	이때는 생부의 인지나 귀화가 있어야 한다.

제2조

② 국가는 법률이 정하는 바에 의하여 재외국민을 보호할 의무를 진다.

· 제8차 개헌: 재외국민은 국가의 보호를 받는다.
· 제9차 개헌: 재외국민에 대한 국가의 보호의무를 규정

1. 재외국민보호규정은 1980년의 제8차 개정헌법에서 처음으로 규정되었다. [국회9급 13] (O)
2. 헌법 제2조의 '재외국민 보호의무' 규정이 중국 동포의 이중국적 해소 또는 국적선택권을 위한 특별법 제정의무를 명시적으로 위임한 것이라고 볼 수 없다. [법원9급 12] (O)

제3조

대한민국의 영토는 한반도와 그 부속도서로 한다.

- 영토고권은 국가만이 가진다. 관할권은 지방자치단체도 가진다.
- 영해: 육지 기선으로부터 12해리(대한해협은 3해리)
- 접속수역: 기선으로부터 24해리에서 영해를 제외한 수역·관세·출입국관리·위생에 관한 단속이 가능하다.
- 경제적배타수역: 기선으로부터 200해리에서 영해를 제외한 수역. 천연자원 탐사와 인공섬 설치가 가능하다.
- 영토조항은 건국헌법부터 규정. 제2차 개헌은 영토변경과 주권제약에 국민투표를 처음으로 규정
- 영토조항만을 근거로 헌법소원제기, 그러나 영토조항에서 영토권도출 → 헌법소원가능

1. 현행 헌법 제3조(영토조항)에 의하면 북한지역도 대한민국의 영토이기 때문에 당연히 대한민국의 주권이 미친다. [법원9급 15] (O)

2. 영토는 국가 구성요소에 해당하므로 영토조항만을 근거로 하여 국민의 개별적 기본권을 인정하는 것은 가능하다. [지방7급 10] (×)

3. 헌법상 영토에 관한 권리를 영토권이라 구성하여 헌법소원의 대상인 기본권으로 간주하는 것은 가능하다. [지방7급 12] (O)

제4조

대한민국은 통일을 지향하며, 자유민주적 기본질서에 입각한 평화적 통일 정책을 수립하고 이를 추진한다.

- 평화통일조항은 유신헌법에서 도입(전문) → 자유민주적 기본질서에 입각한 평화통일은 현행헌법에서 도입
- 북한영토는 대한민국의 영토이고, 북한주민도 당연히 대한민국의 국민이다. 다만 사실상 우리 헌법은 북한지역에 규범력을 행사하지 못하고 있다.
- 국가보안법과 남북교류협력에 관한 법률이 관계: 일반법과 특별법의 관계가 아니라 별개로 병존한다.

1. 우리 헌법이 평화통일조항을 둔 것은 1972년 제7공화국 헌법이 처음이다. [법무사 14] (O)

2. 제9차 개정헌법은 자유민주적 기본질서에 입각한 평화적 통일정책의 수립·추진규정을 신설하였다. [국가7급 13] (O)

3. 헌법상 통일관련 조항으로부터 국민 개개인의 통일에 대한 기본권, 특히 국가기관에 대하여 통일을 위한 일정한 행동을 요구할 수 있는 권리가 도출되는 것은 아니다. [법원행시 13] (O)

제5조

① 대한민국은 국제평화의 유지에 노력하고 침략적 전쟁을 부인한다.

- 이라크 제1차파병: 자기관련성 없어 각하
- 이라크 제2차파병: 통치행위성을 이유로 각하(사법적 자제)
- 국무회의 파병결정은 헌법소원의 대상인 공권력의 행사가 아니다.

제5조

② 국군은 국가의 안전보장과 국토방위의 신성한 의무를 수행함을 사명으로 하며, 그 정치적 중립성은 준수된다.

- 국군의 정치적 중립성은 제9차 개헌에서 규정.

1. 헌법은 국군과 공무원의 정치적 중립성에 대하여 서술하고 있다. [입법고시 19] (O)

제6조

① 헌법에 의하여 체결·공포된 조약과 일반적으로 승인된 국제법규는 국내법과 같은 효력을 가진다.

- 조약이란 그 명칭과 관계없이 국제법주체간의 국제법률관계를 내용으로 하는 문서로 된 성문의 합의·약속을 말한다. 헌법 제6조 제1항 조약은 우리나라가 체결·공포한 조약에 한정된다. 일반적으로 승인된 국제법규는 대부분의 나라가 승인한 국제법규를 말한다. 따라서 우리나라가 체결 비준하지 않아도 국내법과 같은 효력을 가진다.

1. 우리 헌법은 어떠한 조약에 대해서도 헌법과 동일한 효력을 인정하지 않는다. [서울7급 15] (O)
2. 헌법 제6조 제1항의 국제법 존중주의는 우리나라가 가입한 조약과 일반적으로 승인된 국제법규가 국내법과 같은 효력을 가진다는 것으로서 조약이나 국제법규가 국내법에 우선한다는 것은 아니다. [입법고시 22] (O)
3. 국제법적으로, 조약은 국제법 주체들이 일정한 법률효과를 발생시키기 위하여 체결한 국제법의 규율을 받는 국제적 합의를 말하며 서면에 의한 경우가 대부분이지만 예외적으로 구두합의도 조약의 성격을 가질 수 있다. [지방7급 21] (O)

제6조

② 외국인은 국제법과 조약이 정하는 바에 의하여 그 지위가 보장된다.

- 상호보증은 외국의 법령, 판례 및 관례 등에 의하여 발생요건을 비교하여 인정되면 반드시 당사국과 당사국과의 조약이 체결되어 있을 필요는 없으며, 당해 외국에서 구체적으로 우리나라 국민에게 국가배상청구를 인정한 사례가 없더라도 실제로 인정될 것이라고 기대할 수 있는 상태이면 충분하다.

1. 헌법은 헌법상 국제법과 조약에 따른 외국인의 지위 보장에 대하여 밝히고 있다. [법원직 19] (○)

제7조

① 공무원은 국민전체에 대한 봉사자이며, 국민에 대하여 책임을 진다.

- 제3차 개헌
- 이때의 공무원은 최광의의 공무원이다.
- 자유위임이 헌법적 근거이다.

1. 대통령은 국민 전체에 대한 봉사자로 헌법상 공무원에 해당한다. [법무사 18] (○)

제7조

② 공무원의 신분과 정치적 중립성은 법률이 정하는 바에 의하여 보장된다.

- 제3차 개헌
- 이때의 공무원은 협의의 공무원(경력직 공무원)
- 제도보장이므로 과잉금지원칙이 적용되지 않는다.
- 선고유예만으로 공무원 당연퇴직은 위헌 → 집행유예만으로 당연퇴직은 합헌(단, 수뢰죄, 횡령등의 경우는 선고유예만으로 당연퇴직)

1. 직업공무원제도하에서의 공무원은 국가 또는 공공단체와 근로관계를 맺고, 공무를 담당하는 것을 직업으로 하는 자로서 선거직 공직자를 포함한 광의의 공무원을 말한다. [국가7급 11] (×)

제8조

① 정당의 설립은 자유이며, 복수정당제는 보장된다.

- 건국헌법 당시에는 정당이 헌법이 아니라 국회법에 규정되었고, 정당이 헌법에 처음 규정된 것은 제3차 개헌(위헌정당해산제도)이지만 복수정당제는 제5차 개헌에서 규정, 정당의 자유는 기본권+제도보장. 정당의 자유는 개인뿐이 아니라 정당 자신이 누리는 헌법상의 기본권이다.
- 정당은 중앙당과 시·도당으로 구성된다. 5개 이상의 시·도당이 있어야 하고 각 시·도당은 1,000명 이상의 당원이 있어야 한다.

1. 헌법 제8조 제1항은 정당설립의 자유, 정당조직의 자유, 정당활동의 자유를 포괄하는 정당의 자유를 보장하는 규정이어서, 이와 같은 정당의 자유는 단체로서의 정당이 가지는 기본권이고, 국민의 개인적으로 가지는 기본권이 될 수는 없다. [변호사 19] (×)
2. 헌법 제8조 제1항이 명시하는 정당설립의 자유는 설립할 정당의 조직형태를 어떠한 내용으로 할 것인가에 관한 정당조직 선택의 자유 및 그와 같이 선택된 조직을 결성할 자유를 포괄하는 '정당조직의 자유'를 포함한다. [경찰승진 19] (○)

제8조

② 정당은 그 목적·조직과 활동이 민주적이어야 하며, 국민의 정치적 의사형성에 참여하는데 필요한 조직을 가져야 한다.

- 목적의 민주성은 현행헌법에서 도입하였고, 경선은 임의사항이다.

1. 정당은 그 목적·조직과 활동 및 강령이 민주적이면 족하고, 국민의 정치적 의사형성에 참여하는데 필요한 조직을 반드시 가져야 하는 것은 아니다. [경찰승진 22] (×)
2. 정당은 그 목적·조직·활동이 민주적이어야 하며, 국민의 정치적 의사형성에 참여하고 있는 현행 제8조와 제2항은 정당의 자유의 헌법적 근거규범이 아니다. [지방7급 13] (○)

제8조

③ 정당은 법률이 정하는 바에 의하여 국가의 보호를 받으며, 국가는 법률이 정하는 바에 의하여 정당운영에 필요한 자금을 보조할 수 있다.

- 정당운영자금은 제8차 개헌에서 도입

1. 헌법은 정당운영에 필요한 자금에 대한 국가보조 의 무원칙을 명시하고 있다. [법원교시 19] (○)

제8조
④ 정당의 목적이나 활동이 민주적 기본질서에 위배될 때에는 정부는 헌법재판소에 그 해산을 제소할 수 있고, 정당은 헌법재판소의 심판에 의하여 해산된다.

- 위헌정당해산제도는 제3차 개헌에 처음 규정되었고, 방어적 민주주의의 한 내용이다. 해산심판청구는 원칙적 재량행위이다. 헌법재판소의 해산은 창설적 효력을 가진다. 위헌정당해산심판 청구는 국무회의의 심의 대상이다.

1. 정당의 목적이나 조직이 민주적 기본질서에 위배될 때에는 정부는 헌법재판소에 그 해산을 제소할 수 있고, 정당은 헌법재판소의 심판에 의하여 해산된다.
   [서울7급 14] (×)

2. 정당해산심판은 심판청구의 주체가 헌법상 정부에 한정된다. [국회9급 10] (○)

제9조
국가는 전통문화의 계승·발전과 민족문화의 창달에 노력하여야 한다.

- 전래의 문화라도 헌법질서에 위반되면 위헌이 된다(호주제).

● 기본권 개요

	제10조	인간의 존엄과 가치 및 행복추구권	• 헌법의 최고가치
	제11조	평등권	• 불문법상의 원리
자유권	제12조	신체의 자유	• 자유는 기본적으로 신이 인간에게 부여한 것이므로 국가가 침해해서는 안된다. 자유는 내용이 정해져 있지 않고 무한대로 만들어 낼 수 있으므로 자유권에 대한 법률은 기본권제한의 법률유보의 성역이다. • 국가가 자유를 침해하면 국가권(국가로부터의 자유), 부작위 청구권이다. • 슈미트가 말하는 진정한 기본권 • 구체적 권리(헌법만으로 효력이 인정된다.)
	제13조	이중처벌금지, 형벌불소급, 연좌제	
	제14조	거주 이전의 자유	
	제15조	직업의 자유	
	제16조	주거의 자유	
	제17조	사생활의 비밀과 자유	
	제18조	통신의 자유	
	제19조	양심의 자유	
	제20조	종교의 자유	
	제21조	언론 출판 집회 결사의 자유	
	제22조	학문과 예술의 자유	
재산권	제23조	재산권 보장	• 기본권형성적 법률유보(법률에서 인정되는 범위에서 재산권이 인정된다.)
참정권	제24조	선거권	• 기본권구체화적 법률유보, 능동적 권리, 구체적 권리
	제25조	공무담임권	
청구권	제26조	청원권	• 기본권구체화적 법률유보, 적극적 권리, 다른 기본권의 보장을 위한 기본권, 구체적 권리
	제27조	재판청구권	
	제28조	형사보상청구권	

	제29조	국가배상청구권
	제30조	범죄피해자구조 청구권
	제31조	교육을 받을 권리
	제32조	근로의 권리
사회권	제33조	근로3권
	제34조	인간다운생활권
	제35조	환경권
	제36조	혼인과 가족생활
제한	제37조	일반적 법률유보
납세	제38조	납세의 의무
국방	제39조	국방의 의무

- 기본권구체화적 법률유보
- 국가에 대해 작위를 요구하는 권리 - 국가를 향한(통한) 자유
- 추상적 권리(개별법에 의한 구체화가 필요하다.)

국민의 모든 자유와 권리 제한 가능

제10조

모든 국민은 인간으로서의 존엄과 가치를 가지며, 행복을 추구할 권리를 가진다. 국가는 개인이 가지는 불가침의 기본적 인권을 확인하고 이를 보장할 의무를 진다.

- 존엄과 가치: 제5차 개헌 독일의 영향
- 행복추구권: 제8차 개헌. 미국의 영향(바지니아 권리장 전에서 유래) 현 미국헌법에는 규정 없음.
- 인간으로서의 존엄과 가치에서 유래하는 인격권(성명권, 명예권, 초상권)은 법인에게도 인정된다.
- 행복추구권은 그 내용에 따라 법인에게 인정되는 경우(계약의 자유)도 있고 인정되지 않는 경우(순수한 의미의 행복)도 있다.
- 외국인에게도 인정된다.
- 국가의 기본권보호의무에 대한 근거규정이다.
- 기본권 보유능력이 있어도 행사능력이 없는 경우도 있다.(미성년자)

1. 헌법 제10조 전문의 행복추구권에는 일반적 행동자유권이 포함되는바, 이는 적극적으로 자유롭게 행동하는 것은 물론 소극적으로 행동을 하지 않을 자유도 포함하는 권리로 포괄적인 의미의 자유권이다. [경찰채용 22] (O)

2. 헌법은 제10조 제2문에서 "국가는 개인이 가지는 불가침의 기본적 인권을 확인하고 이를 보장할 의무를 진다."라고 규정함으로써 국가의 적극적인 기본권 보호의무를 선언하고 있다. [변호사 15] (O)

1. 헌법은 차별금지 사유로 성별, 종교, 인종 또는 사회적 신분을 명시적으로 규정하고 있다.

[행정고시 18] (×)

제11조

① 모든 국민은 법 앞에 평등하다. 누구든지 성별·종교 또는 사회적 신분에 의하여 정치적·경제적·사회적·문화적 생활의 모든 영역에 있어서 차별을 받지 아니한다.

- 차별사유와 차별의 영역은 예시에 불과하므로 다른 사유로도 차별할 수 없다. 사회적 신분에 대해서 현재는 후천적 신분설이 입장이다. 따라서 전과도 사회적 신분에 해당한다. 다만 누범을 가중처벌하는 것은 사회적 신분을 이유로 차별하는 것이 아니다. (합헌)
- 인종을 차별금지사유로 규정하여 있는 것은 아니지만 차별금지사유이다.
- 평등권은 국민과 법인에게 인정된다. 외국인에게도 인정되지만 선거권 같은 경우에는 인정되지 않는다.
- **평등권 심사기준은 원칙적으로 자의금지원칙을 적용한다.** 즉 합리적 차별은 허용한다. 다만, 헌법에서 특별히 **평등을 요구하는 경우(예 헌법 제36조 제1항)와 차별로 인하여 관련 기본권에 중대한 제한이 발생하는 경우(예 공무담임권의 심각한 제한)에는 엄격한 비례심사를 한다.**

제11조

② 사회적 특수계급의 제도는 인정되지 아니하며, 어떠한 형태로도 이를 창설할 수 없다.

- 영전이나 귀족과 같은 것은 허용되지 않는다.

제11조

③ 훈장등의 영전은 이를 받은 자에게만 효력이 있고, 어떠한 특권도 이에 따르지 아니한다.

- 국가유공자에 대한 보상금은 특권이 아니다.

제12조

① 모든 국민은 신체의 자유를 가진다. 누구든지 법률에 의하지 아니하고는 체포·구속·압수·수색을 받지 아니하며, 법률과 적법한 절차에 의하지 아니하고는 처벌·보안처분 또는 강제노역을 받지 아니한다.

• 적법절차는 현행헌법에서 도입(미국의 영향). 적법절차의 가장 중요한 내용은 청문권의 보장이다. 적법절차는 기본권제한과 관련되는 모두 적용되는 원칙이다. 다만 국가기관 내부작용에는 적법절차가 적용되지 않는다.(대통령 탄핵시 적법절차의 원칙은 적용되지 않는다)

• 선거관리위원회가 하는 선거위반 행위에 대한 경고조치에도 적용되지 않는다.

• 신체를 훼손당하지 아니할 권리는 명문의 규정은 없지만 현재는 근거를 헌법 제12조에서 찾고 있다.

1. 모든 국민은 신체의 자유를 가진다. 누구든지 법률과 적법절차에 의하지 아니하고는 체포·구속·압수·수색을 받지 아니하며, 법률에 의하지 아니하고는 심문·처벌·보안처분 또는 강제노역을 받지 아니한다. [경찰채용 22] (×)

2. 현행 헌법에서는 적법절차의 원리를 신체의 자유를 보장하는 조항에서 규정하고 있다. [법원9급 15] (O)

3. 헌법 제12조 제1항은 적법절차원칙이 일반조항이고 제12조 제3항이 적법절차원칙은 기본권 제한 정도가 가장 심한 형사상 강제처분의 영역에서 기본권을 더욱 강하게 보장하려는 의지를 담아 중복 규정된 것이다. [국회8급 15] (O)

4. 현행 헌법은 제12조 제1항의 처벌, 보안처분, 강제노역 등과 관련하여 적법절차 원칙을 규정하고 있지만 이는 그 대상을 한정적으로 열거하고 있는 것이 아니라 그 적용 대상을 예시한 것에 불과하다고 해석해야 한다. [국회8급 19] (O)

제12조

② 모든 국민은 고문을 받지 아니하며, 형사상 자기에게 불리한 진술을 강요당하지 아니한다.

• 자기부죄거부특권이라고 한다. 진술강제는 법률로써도 할 수 없다. 진술이란 언어적 표현(말로 문자)을 말한다. 정치자금의 사용내역을 기재하게 하는 것은 진술에 해당하지만 위헌은 아니다. 정치자금의 영수증을 보관하게 하는 것은 진술이 아니다.

1. 정치자금을 받고 지출하는 행위는 당사자가 직접 경험한 사실에 해당하지만, 이를 문서로 기재하도록 하는 것은 당사자가 자신의 경험한 사실 등을 가늠로 평가할 수는 없으므로, 이러한 기재행위가 '진술'의 범위에 포함된다고 볼 수 없다. [법원행시 13] (×)

제12조

③ 체포·구속·압수 또는 수색을 할 때에는 적법한 절차에 따라 검사의 신청에 의하여 법관이 발부한 영장을 제시하여야 한다. 다만, 현행범인인 경우와 장기 3년 이상의 형에 해당하는 죄를 범하고 도피 또는 증거인멸의 염려가 있을 때에는 사후에 영장을 청구할 수 있다.

- 영장주의 적용대상: 신체에 대한 물리적 직접적 강제력의 행사 → 지방의회의장이 동행명령장을 발부하고 불응시 강제치(물리적 직접적)을 하는 것은 영장주의 위반이다.
- 영장주의 적용대상이 아닌 경우: 신체에 대한 심리적 간접적 강제 → 국회에서 증인에 대한 동행명령장을 발부하고 불응시 국회모독죄로 형사고발(심리적 간접적)하는 것은 영장주의의 문제가 아니다.
  - 검사의 신청에 의한 영장은 허가장이고 법원이 직접 발부한 영장은 명령장이다.
  - 긴급체포도 누구나 영장없이 할 수 있지만 즉시 수사기관에 인계해야 하고 체포후 48시간 이내에 영장을 청구하여야 한다.

1. 헌법 제12조 제3항이 영장의 발부에 관하여 '검사의 신청'에 의할 것을 규정한 취지는 모든 영장의 발부에 검사의 신청이 필요하다는 데에 있는 것이 아니라, 수사단계에서 영장의 발부를 신청할 수 있는 자를 검사로 한정함으로써 검사 아닌 다른 수사기관의 영장 신청에서 오는 인권유린의 폐해를 방지하고자 함에 있다. [서울7급 19] (○)

2. 우리 헌법은 영장주의가 사법절차뿐만 아니라 행정절차에도 적용된다고 규정하고 있다. [지방7급 14] (×)

3. 법원이 직권으로 발부하는 영장과 수사기관의 청구에 의하여 발부하는 구속영장의 법적 성격은 같다. [국가7급 08] (×)

제12조

④ 누구든지 체포 또는 구속을 당한 때에는 즉시 변호인의 조력을 받을 권리를 가진다. 다만, 형사피고인이 스스로 변호인을 구할 수 없을 때에는 법률이 정하는 바에 의하여 국가가 변호인을 붙인다.

- 변호인의 조력권은 형사사건간과 행정절차에서 구금된 경우에만 적용되는 원칙이다. 수형자에게는 인정되지 않는다.
- 변호인의 조력을 받을 권리: 국가안전보장, 질서유지, 공공복리 등 어떠한 이유로도 제한주의라고 판시하였으나 최근 교도소 질서유지 등을 위하여 시간적인 제한 등이 가능하다고 판시.
- 국선변호인의 선임권은 피고인의 경우에만 헌법에 규정이 있고, 피의자에 대한 국선변호인 선임권은 형사소송법에 규정이 있다. 헌법소원에도 국선변호인은 헌법재판소법에 있다.

1. "누구든지 체포 또는 구속을 당한 때에는 즉시 변호인의 조력을 받을 권리를 가진다. 다만, 형사피의자가 스스로 변호인을 구할 수 없을 때에는 법률이 의하여 국가가 변호인을 붙인다."는 헌법에 규정된 내용이다. [법원9급 14] (×)

2. 형사절차가 종료되어 교정시설에 수용 중인 수형자는 원칙적으로 변호인의 조력을 받을 권리의 주체가 될 수 없다. [국회8급 09] (○)

제12조

⑤ 누구든지 체포 또는 구속의 이유와 변호인의 조력을 받을 권리가 있음을 고지받지 아니하고는 체포 또는 구속을 당하지 아니한다. 체포 또는 구속을 당한 자의 가족등 법률이 정하는 자에게는 그 이유와 일시·장소가 지체없이 통지되어야 한다.

• 미란다 원칙
• 현행헌법에서 도입되었다.

1. 체포 또는 구속을 당한 자의 가족은 구속의 이유, 일시 및 장소를 지체없이 통지받을 헌법상의 권리를 가진다. [국회8급 21] (○)

제12조

⑥ 누구든지 체포 또는 구속을 당한 때에는 적부의 심사를 법원에 청구할 권리를 가진다.

• 적부심사청구권은 피의자에게 인정되는 것이나, 전격기소의 경우에는 피고인에게도 인정된다.

1. 누구든지 체포 또는 구속을 당한 때에는 적부의 심사를 법원이나 검찰에 청구할 권리를 가진다. [법무사 16] (×)

제12조

⑦ 피고인의 자백이 고문·폭행·협박·구속의 부당한 장기화 또는 기타의 방법에 의하여 자의로 진술된 것이 아니라고 인정될 때 또는 정식재판에 있어서 피고인의 자백이 그에게 불리한 유일한 증거일 때에는 이를 유죄의 증거로 삼거나 이를 이유로 처벌할 수 없다.

• 고문 등으로 수집한 위법수집증거는 절대적으로 증거능력이 인정되지 않는다.

제13조

① 모든 국민은 행위시의 법률에 의하여 범죄를 구성하지 아니하는 행위로 소추되지 아니하며, 동일한 범죄에 대하여 거듭 처벌받지 아니한다.

- 이중처벌금지는 형이 확정되어야 발생한다.(7판례의 효과) 이중위험금지는 절차가 일정단계에 이르면 인정된다. 이중처벌금지에서 말하는 처벌은 형벌만을 의미한다. 따라서 형벌과 다른 제재(과태료, 과징금 등)의 병과는 가능하다.

- 외국에서 형의 전부 또는 일부의 집행을 받은 자에 대하여 형을 감경 또는 면제할 수 있도록 규정한 형법 제7조는 이중처벌금지원칙에 위배되지 않는다. 그러나 이 사건 법률조항은 신체의 자유를 침해한다.(헌재 2015.5. 28, 2013헌바129)

- 제4차 개헌은 소급입법에 의한 처벌의 헌법적 근거를 두었다.

1. 현법 제13조 제1항에서 말하는 '처벌'이란 국가가 행하는 일체의 제재나 불이익처분을 모두 포함한다. [입법고시 18] (×)

제13조

② 모든 국민은 소급입법에 의하여 참정권의 제한을 받거나 재산권을 박탈당하지 아니한다.

- 진정소급입법이란 과거에 이미 완성된 사실이나 법률관계를 대상으로 하는 입법을 말한다. (원칙적 금지, 예외적 허용)

- 부진정소급입법은 과거에 시작되었으나 현재 진행 중인 사실관계 또는 법률관계에 적용케 하는 입법을 말한다. (원칙적 허용, 예외적 금지)

1. 모든 국민은 소급입법에 의하여 재산권을 제한당하지 아니한다. [소방간부 20] (×)

제13조

③ 모든 국민은 자기의 행위가 아닌 친족의 행위로 인하여 불이익한 처우를 받지 아니한다.

- 연좌제금지는 제8차 개헌 여기서 말하는 불이익이란 일체의 불이익을 말한다.

- 반국가행위자처벌법에 관한 특별법: 연좌제위반(법률전체가 위헌)

제14조

모든 국민은 거주·이전의 자유를 가진다.

- 외국인 부정(외국인에게는 입국의 자유는 인정되지 않지만 출국의 자유는 인정된다), 법인 인정
- 독일은 국내 거주이전의 자유에 한정하지만 우리헌법은 국내거주이전으로 한정하지 않는다. 따라서 출국의 자유, 해외 이주의 자유 등도 인정된다. 단순한 장소의 이동은 거주이전의 자유의 문제가 아니다.(서울광장사건)
- 주민등록은 거주이전과 직접적인 관련이 없다.

1. 대한민국 국민의 거주·이전의 자유에는 대한민국을 떠날 수 있는 출국의 자유와 다시 대한민국으로 돌아올 수 있는 입국의 자유뿐만 아니라 대한민국 국적을 이탈할 수 있는 국적변경의 자유가 포함된다.
   [국가7급 16] (O)

제15조

모든 국민은 직업선택의 자유를 가진다.

- 외국인 제한적으로 인정(국내에서 직장이전을 3회로 제한하는 것은 합헌, 외국사자격을 국내에서 부정하는 것도 합헌), 법인 인정
- 제5차 개헌에서 규정.

생활의 기본적 수요충족	돈을 벌기 위한 수단
계속적 활동	어느 정도의 계속성만 있으면 됨. 휴가 중에 하는 일, 수습직도 포함
공무해성은 불요	개업한건물도 직업에 해당, 성매매도 직업에는 해당

1. 헌법 제15조에 의한 직업선택의 자유에는 직업수행의 자유, 전직의 자유, 직장선택의 자유 등도 포함되는 것으로 이해된다. [소방간부 20] (O)

제16조

모든 국민은 주거의 자유를 침해받지 아니한다. 주거에 대한 압수나 수색을 할 때에는 검사의 신청에 의하여 법관이 발부한 영장을 제시하여야 한다.

- 외국인 인정, 법인은 학설대립
- 신체의 자유와 달리 영장주의의 예외가 규정되어 있지는 않지만 엄격한 요건하에서 영장없이 주거수색이 가능한 경우가 인정된다.

1. 헌법 제12조 제3항인 신체의 자유의 영역에서 수색에 대한 영장주의를 정하고 있으나, 수색에 대한 법률주의는 헌법 제16조가 정하고 있는 주거의 자유에서도 인정된다. [국회8급 14] (○)

2. 헌법 제12조 제3항과는 달리 헌법 제16조 후문은 "주거에 대한 압수나 수색을 할 때에는 검사의 신청에 의하여 법관이 발부한 영장을 제시하여야 한다"라고 규정하고 있을 뿐 영장주의에 대한 예외를 명문화하고 있지 않으므로 영장주의가 예외없이 반드시 관철되어야 함을 의미하는 것이다. [국가7급 19] (×)

제17조

모든 국민은 사생활의 비밀과 자유를 침해받지 아니한다.

- 외국인 인정, 법인 학설대립
- 제8차 개헌에서 신설. 개인정보보호법은 살아있는 개인의 정보만을 대상으로 한다. 개인정보자기결정권의 헌법적 근거에 대해 헌재는 헌법 제10조와 제17조를 근거로 제시하기도 하고, 어느 한 두개의 조문으로 도출되는 것이 아니라 헌법 전체에서 도출되는 독자적 기본권으로 판시하기도 한다.

1. 사생활의 비밀과 자유가 보호하는 것은 개인의 내밀한 내용의 비밀을 유지할 권리, 개인이 자신의 사생활의 불가침을 보장받을 수 있는 권리, 개인의 양심영역이나 성적 영역과 같은 내밀한 영역에 대한 보호, 인격적인 감정세계의 존중의 권리와 정신적인 내면생활이 침해받지 아니할 권리 등이다.
   [법원9급 21] (○)

2. 사생활의 비밀과 자유에 관한 헌법규정은 개인의 사생활이 함부로 공개되지 아니할 소극적인 권리는 물론, 오늘날 고도로 정보화된 현대사회에서 자신에 대한 정보를 자율적으로 통제할 수 있는 적극적인 권리까지도 보장하려는 데에 그 취지가 있다.
   [15 법무사] (○)

제18조
모든 국민은 통신의 비밀을 침해받지 아니한다.

- 외국인 인정, 법인 인정
- 통신이란 격자자간의 매체를 통한 의사전달을 말한다.
- 범죄수사를 위한 통신제한은 검사만 가능, 국가안보를 위한 통신제한은 정보기관의 장이 해한다. 긴급통신제한은 검사, 사법경찰관, 정보기관의 장 모두 가능

1. 헌법 제18조는 "모든 국민은 통신의 비밀과 자유를 침해받지 아니한다."라고 규정하고 있다. [국회8급 14] (×)

제19조
모든 국민은 양심의 자유를 가진다.

- 외국인 인정, 법인 부정
- 양심형성의 자유는 **내심에 머무르는 한 성질상 제한이 불가능한 기본권이다.**
- 양심실현의 자유는 제한 가능하다.
- 건국헌법은 신앙과 양심을 동일조항에서 규정, 제5차 개헌 이후 별도로 규정

1. 양심적 결정을 외부로 표현하고 실현할 수 있는 양심실현의 자유는 표현의 자유에 속하는 행위일 뿐 헌법 제19조가 보장하고 있는 양심의 자유에 포함되지 않느다. [법원9급 18] (×)

제20조
① 모든 국민은 종교의 자유를 가진다.

- 외국인 인정, 종교의 자유 중 신앙의 자유는 지연인에 한만 인정되고 법인은 신앙의 자유를 제한하고 인정된다. 신앙의 자유는 제한 불가능한 절대적 자유이다. 종교교육의 자유 등은 제한 가능한 기본권이고 법인에게도 인정된다.

1. 종교의 자유의 구체적 내용으로는 신앙의 자유, 종교적 행위의 자유 및 종교적 집회·결사의 자유가 포함된다. [법원9급 16] (○)

제20조
② 국교는 인정되지 아니하며, 종교와 정치는 분리된다.

- 오래된 종교시설(문화재)에 국가가 지원을 하는 것은 합헌

1. 헌법 제20조 제2항은 국교금지와 정교분리 원칙을 규정하고 있는데 종교시설의 건축행위에만 기반시설 부담금을 면제한다면 국가가 종교를 지원하여 종교를 승인하거나 우대하는 것으로 비칠 소지가 있다. [소방간부 19] (○)

제21조

① 모든 국민은 언론·출판의 자유와 집회·결사의 자유를 가진다.

- 언론의 자유는 외국인과 법인에게도 인정된다.
- 표현의 자유에서 매개하는 연설·연극·방송·음악·영화·소설·도화·사진·조각 등 **어떠한 형태이건 가능하며 그 제한이 없다.** 음반·비디오물도 언론·출판의 매개체가 된다. 상업광고도 보호되지만 보호의 정도는 낮다.
- 상징적 표현도 표현의 자유에 의해 보호된다. 익명표현의 자유도 인정된다. 하위서식의 표현도 언론·출판의 자유의 보호영역에는 해당한다. 다만 국가안전보장이나 서유지 공공복리를 위해서 제한할 수 있다.

1. 헌법 제21조 제1항은 모든 국민은 언론·출판의 자유를 가진다고 규정하여 언론·출판의 자유를 보장하고 있는 바, 의사표현의 자유는 바로 언론·출판의 자유에 속한다. 따라서 의사표현의 매개체를 의사표현을 위한 수단이라고 전제할 때, 이러한 의사표현의 매개체도 헌법 제21조 제1항이 보장하고 있는 언론·출판의 자유의 보호대상이 된다고 할 것이다.
[법원9급 13] (O)

② 언론·출판에 대한 허가나 검열과 집회·결사에 대한 허가는 인정되지 아니한다.

- 검열은 절대적으로 금지된다.
- 검열의 요건

행정권이 주체	행정기관인지에 대한 판단은 형식이 아니라 실질에 따라 판단한다. '공연윤리위원회'와 '한국공연예술진흥협의회'는 국가 민간자율기구로 인정되므로 행정기관에 해당한다. 법원에 의한 방영금지가처분 결정은 행정권이 주체가 된 것이 아니므로 검열이 아니다
사전제출 의무	허가를 받기 위한 표현물의 사전 제출의무가 있어야 한다.
내용심사	표현물의 내용에 대한 심사이어야 한다. 따라서 방법에 대한 사전 제한은 검열이 아니다.
강제수단	허가를 받지 아니한 의사표현의 금지 및 심사절차를 관철할 수 있는 강제수단 등이 요건을 갖추어야 한다. 주로 과태료나 형벌이 부과된다.

1. 헌법 제21조 제2항의 검열금지조항은 절대적 금지를 의미하므로 국가안전보장·질서유지·공공복리를 위하여 필요한 경우라도 사전검열이 허용되지 않는다.
[경찰승진 17] (O)

2. 언론·출판에 대한 허가나 검열은 법률로써도 할 수 없다.
[국회9급 11] (O)

제21조
③ 통신·방송의 시설기준과 신문의 기능을 보장하기 위하여 필요한 사항은 법률로 정한다.

- 등록류제는 합헌. 본질류제와와 추천제는 위헌. 방송광고심의제는 위헌, 인터넷은 방송이 특성이 없다.
- 정화·결사에 대한 허가는 절대적으로 금지된다. 1인 시위는 집회가 아니다. 즉 집시법이 적용되지 않는다. 법률에 의한 집회금지는 허가의 문제는 아니다.
- 방송이나 신문의 시설기준에 대한 허가는 검열이 아니므로 가능하다.

제21조
④ 언론·출판은 타인의 명예나 권리 또는 공중도덕이나 사회윤리를 침해하여서는 아니된다. 언론·출판이 타인의 명예나 권리를 침해한 때에는 피해자는 이에 대한 피해의 배상을 청구할 수 있다.

- 헌법이 직접 기본권 행사를 제한하고 있는 개별적 헌법유보 조항이다.

1. 헌법 제21조 제4항 전문은 "언론·출판은 타인의 명예나 권리 또는 공중도덕이나 사회윤리를 침해하여서는 아니된다."라고 규정하고 있는바, 이는 헌법상 표현의 자유의 보호영역에 대한 한계를 설정한 것이라고 보아야 한다. [경찰채용 22] (×)

제22조
① 모든 국민은 학문과 예술의 자유를 가진다.

- 외국인 인정, 법인 인정

1. 학문의 자유라 함은 진리를 탐구하는 자유를 의미하는데, 그것은 단순히 진리탐구의 자유에 그치지 않고 탐구한 결과에 대한 발표의 자유 내지 가르치는 자유 등을 포함한다. [법무사 15] (○)

제22조

② 저작자·발명가·과학기술자와 예술가의 권리는 법률로써 보호한다.

- 법인은 예술 창작의 주체는 아니지만 예술품 전시판매에 있어서는 주체성이 인정된다.

제23조

① 모든 국민의 재산권은 보장된다. 그 내용과 한계는 법률로 정한다.

- 외국인도 제한적으로인정, 법인 인정
- 사유재산제도
- 기본권이자 제도보장

사적재산권요건	공법상 재산권 요건
사적유용성, 원칙적 처분가능성, 구체적 권리	사적재산권요건+수급자의 상당한 자기기여에 기여
의료보험수급권은 재산권, 의료급여수급권은 재산권이 아니다.	

제23조

② 재산권의 행사는 공공복리에 적합하도록 하여야 한다.

- 무보상의 사회적 제약
- 공용보다는 공공필요보다 넓은 개념이다.

1. 헌법 제23조의 재산권 보장은 개인이 현재 누리고 있는 재산권을 개인의 기본권으로 보장하고, 개인이 재산을 향유하고 있는 법제도로서의 사유재산제도를 보장한다는 이중적 의미를 가지고 있다. [지방7급 11] (O)

2. 재산권은 민법상의 소유권·물권·채권은 물론 특별법상의 권리인 광업권·어업권·수렵권 그리고 공법상의 권리인 환매권·퇴직연금수급권·퇴직금여청구권 등도 포함한다. [국가7급 09] (O)

1. 헌법상 재산권의 사회적 기속성을 명시하고 있으므로 재산권을 입법에 대하여도 과잉금지의 원칙이 적용되지 않는다. [지방7급 11] (X)

국민의 권리와 의무 **23**

제23조

③ 공공필요에 의한 재산권의 수용·사용 또는 제한 및 그에 대한 보상은 법률로써 하되, 정당한 보상을 지급하여야 한다.

- 요보상의 공용침해
- 정당한 보상은 시가보상(완전보상)이지만, 공시지가보상도 가능하다.
- 보상의 기준에 관한 헌정사
- 건국헌법 - 4차개헌: 법률이 정하는 바에 의하여 상당한 보상
- 5차개헌 - 6차개헌: 법률로써 정당한 보상
- 7차개헌: 공공필요에 의한 재산권의 수용·사용 또는 제한 및 그 보상의 기준과 방법은 법률로 정한다.
- 8차개헌: 보상은 공익 및 관계자의 이익을 정당하게 형량하여 법률로 정한다.

---

1. 재산권을 보장하면서 공용수용·공용사용·공용제한의 방식으로 재산권을 제한하는 경우에는 공용필요라는 목적이 있어야 한다. [행정고시 17] (O)
2. 공용필요에 의한 재산권의 수용·사용 또는 제한 및 그에 대한 보상은 법률로써 하되, 상당한 보상을 지급하여야 한다. [행정고시 18] (×)

● 경계이론과 분리이론의 비교

구분		경계이론(독일행정법원)	분리이론(독일연방헌법재판소)
이론적 배경		가치보장을 우선한다. 가치보장은 수용만 다루지 못하고, 보상만을 다룰 수 있다.	존속보장을 우선한다. 존속보장은 수용지체를 다룰 수 있다.
기준		침해의 강도	법률의 내용과 형식
구별		침해가 약하면 사회적제약 → 강도가 일정 한도를 넘어서면 자동으로 침해로 전환	법률의 내용과 형식이 일반적 추상적이면(입법) 사회적제약이고, 개별적 구체적이면 보상을 요하는 공용침해이다. 다른 수인한도를 넘는 제약은 예외적으로 하는 사회적제약이 된다.
	[사례] 개발제한구역에서 전 답 임야(종래의 용도로 사용할 수 있는 경우): 두 이론 모두 사회적제약으로 본다. 대지(종래의 용도로 사용할 수 없는 경우): 경계이론에 의하면 침해의 강도가 수인한도를 넘어서 자동으로 보상을 요하는 공용침해가 되고 분리이론에 의하면 예외적으로 보상을 요하는 사회적제약이다.		
양자의 차이		사회적제약과 공용침해는 질적인 차이가 아닌 양적 차이이다.	사회적제약과 공용침해는 질적인 차이가 있다.
보상규정이 없는 경우		유추적용설로 해결한다. 따라서 법원의 판결로 보상이 가능하다.	현재의 위헌상태에 따라 법률 제정 또는 개정하여 입법보상을 한다.
결부조항		결부조항을 중요시 하지 않는다.	결부조항을 중요시 한다.

제23항을 제3항을 결부조항으로 보게 되면 보상이 없는 법률은 부진정입법부작위가 되고, 결부조항이 아닌 것으로 보면 보상이 없는 부분이 진정입법부작위가 된다. 따라서 결부조항이 아닌 것으로 볼 때 입법부작위 자체에 대한 헌법소원은 할 수 없다.

결부조항으로 볼 경우
재산권제한과 보상은 하나의 법률이 된다.

재산권제한
+
보상규정

⇨ 부진정입법부작위

결부조항이 아닌 것으로 볼 경우
재산권제한과 보상은 별개의 법률이 된다.

재산권제한

보상규정

⇨ 진정입법부작위

제24조

모든 국민은 법률이 정하는 바에 의하여 선거권을 가진다.

- 외국인 부정(다만, 일정요건을 갖춘 외국인은 지방선거에서 투표권, 주민투표권, 주민소환권이) 있지만 기본권은 아니다.
- 선거권 연령은 18세 → 18세 이상은 선거운동 가능, 정당입당 가능

1. 헌법이 모든 국민은 '법률이 정하는 바에 의하여' 선거권을 가진다고 규정함으로써 법률유보의 형식을 취하고 있지만, 이것은 국민의 선거권이 '법률이 정하는 바에 따라서만 인정될 수 있다'는 포괄적인 입법권의 유보하에 있음을 의미하는 것이 아니다.

[소방간부 21] (O)

제25조

모든 국민은 법률이 정하는 바에 의하여 공무담임권을 가진다.

- 공무담임권은 공직취임권과 신분유지권, 승진의 기회균등을 이루어진다. 승진가능성 등은 공무담임권의 내용이 아니다.

1. 현행 헌법은 공무담임권을 명시적으로 규정하고 있다.

[법원9급 19] (O)

제26조

① 모든 국민은 법률이 정하는 바에 의하여 국가기관에 문서로 청원할 권리를 가진다.

- 외국인 인정, 법인 인정
- 청원대상기관은 모든 국가기관이다. -개인(행정권한 수탁사인)에 대한 청원도 가능하다.
- 자신과 이해관계 없는 청원도 가능하다.
- 제3자인 중개인이나 대리인을 통한 청원도 가능하다.
- 로비스트는 국민주권의 상사화에 기여할 수도 있다.(현재 2005.11.24. 2003헌바68)
- 청원은 국민소환제적 기능을 한다.

1. 헌법상 보장된 청원권의 주체는 국민이고, 국민에는 법인도 포함된다. [법무사 18] (○)

제26조

② 국가는 청원에 대하여 심사할 의무를 진다.

- 국회에 청원하려는 자는 의원의 소개를 받거나 국회규칙으로 정하는 기간동안 국회규칙으로 정하는 일정한 수 이상의 국민의 동의를 받아 청원서를 제출하여야 한다.

1. 헌법 제26조는 국민의 청원에 대하여 국가가 심사할 의무 뿐만 아니라 통지를 할 의무에 대하여도 명문의 규정을 두고 있다. [법무사 08] (×)

제27조

① 모든 국민은 헌법과 법률이 정한 법관에 의하여 법률에 의한 재판을 받을 권리를 가진다.

- 재판청구권은 법인과 외국인에게도 인정된다.
- 재판청구권은 적어도 한 번의 사실심과 법률심을 받을 권리를 말한다. 따라서 모든 사건에 대해 대법원의 재판을 받을 권리가 인정되는 것은 아니다.
- 국민참여재판재판을 받을 권리는 재판청구권에 포함되지 않는다.
- 공정한 헌법재판을 받을 권리는 재판청구권에 포함된다.
- 국가·지자체는 헌법소원은 할 수 없지만, 일반적인 소송은 가능하다.

1. 헌법 제27조 제1항에서 말하는 '헌법과 법률이 정한 법관에 의하여 법률에 의한 재판을 받을 권리'가 사건의 경중을 가리지 않고 모든 사건에 대하여 대법원을 구성하는 법관에 의한 균등한 재판을 받을 권리를 의미하거나 또는 상고심재판을 받을 권리를 의미하는 것은 아니다. [법무사 15] (○)

제27조

② 군인 또는 군무원이 아닌 국민은 대한민국의 영역안에서는 중대한 군사상 기밀・초병・초소・유독음식물공급・포로・군용물에 관한 죄중 법률이 정한 경우와 비상계엄이 선포된 경우를 제외하고는 군사법원의 재판을 받지 아니한다.

- 일반국민도 군사재판을 받는 경우가 있다. 비상계엄의 경우에만 한정되는 것이 아니다.
- '전투용에 공하는 시설'을 손괴한 군인 또는 군무원이 아닌 국민이 군사법원에서 재판받도록 하는 부분은 헌법과 군용물에 관한 죄중 법률이 정한 법률에 의한 재판을 받을 권리를 침해한다.(헌재 2013.11.28. 2012헌가10)

1. 군인 또는 군무원이 아닌 국민에 대한 군사법원의 예외적인 재판권을 정한 헌법 제27조 제2항에 규정된 군용물에는 군사시설이 포함된다. [국가7급 18] (×)

제27조

③ 모든 국민은 신속한 재판을 받을 권리를 가진다. 형사피고인은 상당한 이유가 없는 한 지체없이 공개재판을 받을 권리를 가진다.

- 신속한 재판과 공개재판은 명문규정이 있으나 공정한 재판은 명문규정이 없다. 다만 공정한 재판을 받을 권리는 당연히 기본권으로 인정된다.

1. 헌법에 재판청구권의 내용으로 신속한 재판을 받을 권리가 명시적으로 규정되어 있지 않다. [법무사 20] (×)

2. 헌법 제27조 제3항은 '모든 국민은 신속한 재판을 받을 권리를 가진다'고 규정하고 있으므로 모든 국민은 법률에 의한 구체적 형성이 없어도 직접 신속한 재판을 청구할 수 있는 권리를 가진다. [경찰승진 15] (×)

제27조

④ 형사피고인은 유죄의 판결이 확정될 때까지는 무죄로 추정된다.

- 제8차 개헌
- 무죄추정원칙은 형사사건이 아닌 경우에도 적용된다(변호사시설의 공표명령은 무죄추정원칙 위반).
- 무죄추정원칙에서 불구속수사의 원칙과 미결구금일수의 본형산입원칙이 나온다.
- 무죄추정원칙에 의해 유죄의 입증책임은 검사에게 있다. 따라서 의심스러울때는 피고인의 이익으로(in dubio pro reo) 원칙에 의해 유죄판결을 할 수 없다.

1. 형사피고인은 유죄의 판결이 선고될 때까지는 무죄로 추정된다. [법무사 19] (×)

제27조

⑤ 형사피해자는 법률이 정하는 바에 의하여 당해 사건의 재판절차에서 진술할 수 있다.

- **제9차개헌**
- 여기서의 피해자는 실체법상의 피해자(살인죄의 사망자)에 한정되지 않는다.
- 교통범위반사건에서 경우에도 공소제기를 못하게 하는 것은 피해자의 재판절차진술권을 침해하고 평등권도 침해하였다.
- 교통범위반사건의 경우에도 공소제기를 못하게 하는 것은 피해자의 재판절차진술권을 침해하고 평등권도 침해하였다. 기본권보호의무를 위반한 것은 아니다. 일반성해의 경우는 합헌이다.

1. 현법 제27조 제5항이 정한 법률유보는 기본권으로서의 재판절차진술권을 보장하고 있는 헌법규범의 의미와 내용을 법률로서 구체화하기 위한 것이다.
   [법원9급 12] (O)

2. 형사피해자의 재판절차진술권의 형사피해자는 범죄피해자구조청구권의 범죄피해자보다 넓은 개념이다.
   [국회9급 18] (O)

제28조

형사피의자 또는 형사피고인으로서 구금되었던 자가 법률이 정하는 불기소처분을 받거나 무죄판결을 받은 때에는 법률이 정하는 바에 의하여 국가에 정당한 보상을 청구할 수 있다.

- 형사피고인의 보상청구권은 건국헌법 때부터, 피의자는 제9차개헌에서 구정하였다.
- 기소유예, 기소중지에 대해서는 보상청구불가
- 형사피고인의 보상청구에 관한 제척기간을 1년으로 정한 것은 헌법불합치 → 지금은 무죄재판이 확정된 사실을 안 날부터 3년, 무죄재판이 확정된 때부터 5년 이내에 하여야 한다.
- 형사보상청구금액의 상한선을 정한 것은 합헌. 형사보상청구권의 불복을 금지하는 것은 재판청구권 침해

1. 현법 제28조는 형사보상에 있어서의 정당한 보상을 명문으로 규정하고 있다. [법무사 14] (O)

제29조

① 공무원의 직무상 불법행위로 손해를 받은 국민은 법률이 정하는 바에 의하여 국가 또는 공공단체에 정당한 배상을 청구할 수 있다. 이 경우 공무원 자신의 책임은 면제되지 아니한다.

• 외국인은 상호보증의 범위내에서 인정
• 이때 공무원은 최협의 개념. 직무는 외형을 객관적으로 관찰하여 객관적으로 직무행위인 이상 피해자가 직무행위가 아님을 알았더라도 국가배상이 가능하다.
• 헌법에는 영조물 책임에 관한 규정이 없다.
• 경과실의 경우에는 국가만 책임
• 고의·중과실의 경우는 피해자가 국가나 공무원에게 선택적 청구 가능
- 국가가 배상한 경우에 공무원에게 구상가능.

1. 공무원의 직무상 불법행위로 손해를 받은 국민이 법률이 정하는 바에 의하여 국가 또는 공공단체에 정당한 배상을 청구하였을 때 공무원 자신의 책임은 면제된다. [법원직 17] (×)

제29조

② 군인·군무원·경찰공무원 기타 법률이 정하는 자가 전투·훈련등 직무집행과 관련하여 받은 손해에 대하여는 법률이 정하는 보상외에 국가 또는 공공단체에 공무원의 직무상 불법행위로 인한 배상은 청구할 수 없다.

• 제7가 개헌
• 소송중인 향토예비군과 전경은 이중배상금지 대상이고 공익과 경비교도대원은 국가배상이 가능하다.

1. 군무원이 직무집행과 관련하여 받은 손해에 대하여는 법률이 정하는 보상 외에 국가 또는 공공단체에 공무원의 직무상 불법행위로 인한 배상은 청구할 수 없다. [국회9급 14] (○)

제30조

타인의 범죄행위로 인하여 생명·신체에 대한 피해를 받은 국민은 법률이 정하는 바에 의하여 국가로부터 구조를 받을 수 있다.

• 제8차개헌
• 외국인은 상호보증의 범위내에서 인정
• 정당한 보상이 아니라 구조로 규정되어 있다. 범죄피해자구조법에서 금전보상외의 구조도 규정하고 있다.

1. 범죄피해자구조청구권은 생명, 신체에 대한 피해를 입은 경우에 적용되는 것은 물론이고 재산상 피해를 입은 경우에도 적용된다. [경찰승진 20] (×)

제31조

① 모든 국민은 능력에 따라 균등하게 교육을 받을 권리를 가진다.

• 이때의 능력은 일신전속적 능력을 말하고 경제적 능력에 따른 차별은 금지된다.

1. 헌법 제31조 제1항에서 보장되는 교육의 기회균등권은 정신적·육체적 능력 이외의 성별·종교·경제력·사회적 신분 등에 의하여 교육을 받을 기회를 차별하지 아니함과 동시에, 국가가 모든 국민에게 균등한 교육을 받게 하고 경제적 약자가 실질적인 평등교육을 받을 수 있도록 적극적 정책을 실현해야 한다는 것을 의미한다. [법무사 19] (O)

제31조

② 모든 국민은 그 보호하는 자녀에게 적어도 초등교육과 법률이 정하는 교육을 받게 할 의무를 진다.

• 초등교육은 헌법에 규정이 있고, 중등이상의 교육은 법률사항이다.

1. 헌법 제31조 제2항은 초등교육과 법률이 정하는 교육을 의무교육으로서 실시하도록 구성하였으므로 초등교육 이외에 어느 범위의 교육을 의무교육으로 할 것인가에 대한 결정은 입법자에게 위임되어 있다. 초등교육 이외의 의무교육은 구체적으로 법률에서 이에 관한 규정이 제정되어야 기능하고 초등교육 이외의 의무교육의 실시 범위를 정하는 것은 입법자의 형성의 자유에 속한다. [법무사 19] (O)

2. 헌법은 초등교육과 중등교육을 의무교육으로 실시하도록 명문으로 규정하고 있다. [행정고시 18] (×)

제31조

③ 의무교육은 무상으로 한다.

• 의무교육의 대상은 교육에 필수적인 사항이다.

1. 헌법 제31조 제3항에 규정된 의무교육의 무상원칙에 있어서 의무교육 무상의 범위는 원칙적으로 헌법상 교육의 기회균등을 실현하기 위해 필수불가결한 비용, 즉 모든 학생이 의무교육을 받음에 있어서 경제적인 차별 없이 수학하는 데 반드시 필요한 비용에 한한다. [법무사 14] (O)

제31조

④ 교육의 자주성·전문성·정치적 중립성 및 대학의 자율성은 법률이 정하는 바에 의하여 보장된다.

• 대학의 자율성은 제8차개헌에서 규정되었다.
• 대학의 자율을 대학자체가 가지는 기본권이다. 사안에 따라서는 대학의 전구성원에게 인정되는 경우도 있다.

1. 헌법 제31조 제4항의 교육의 자주성이나 대학의 자율성은 헌법 제22조 제1항이 보장하고 있는 학문의 자유의 확실한 보장수단으로 꼭 필요하지만 이는 대학에게 부여된 헌법상의 기본권은 아니다. [법무사 15] (×)

제31조

⑤ 국가는 평생교육을 진흥하여야 한다.

• 제8차개헌

제31조

⑥ 학교교육 및 평생교육을 포함한 교육제도와 그 운영, 교육재정 및 교원의 지위에 관한 기본적인 사항은 법률로 정한다.

• 사립학교운영의 자유는 헌법상의 기본권이다.

1. 헌법 제31조 제6항에 규정되고 있는 교원지위법정주의는 교원의 권리 혹은 지위의 보장에 관한 것만이 아니라 교원의 기본권 제한의 근거규정이 되기도 한다. [국회9급 14] (O)

2. 교원의 노동권, 노동조합 등에 관하여는 헌법 제31조 제6항의 교원지위법정주의 조항이 헌법 제33조의 노동3권 조항보다 우선하여 적용된다. [국회9급 14] (O)

제32조

① 모든 국민은 근로의 권리를 가진다. 국가는 사회적·경제적 방법으로 근로자의 고용의 증진과 적정임금의 보장에 노력하여야 하며, 법률이 정하는 바에 의하여 최저임금제를 시행하여야 한다.

• 근로의 권리는 개인에게만 인정된다. 노동조합에게는 근로의 권리가 인정되지 않는다. 근로의 권리 중 일자리에 관한 내용은 국민에게만 인정되지만 일할 환경에 관한 부분은 외국인에게도 인정된다.
• 적정임금보장은 제8차 개헌이고 최저임금은 현행헌법에서 규정되었다.
• 근로의 권리는 일자리제공청구권이 아니며 작장존속청구권도 아니다. 단지, 사회적 경제적 방법으로 일자리의 확대를 요구할 수 있는 권리이다.

1. 근로의 권리와 관련하여 현행 헌법은 국가의 고용증진의무를 명문으로 규정하고 있다. [법원9급 21] (O)

2. 최저임금제 시행은 헌법에서 명문으로 규정하고 있다. [법원9급 21] (O)

제32조

② 모든 국민은 근로의 의무를 진다. 국가는 근로의 의무의 내용과 조건을 민주주의원칙에 따라 법률로 정한다.

- 근로의 의무는 법적의무가 아니라 윤리적 의무이다. 공산주의 국가에서는 법적의무로 본다.

1. 근로의 의무는 국민뿐만 아니라 외국인도 그 주체가 된다. [국회8급 12] (×)

제32조

③ 근로조건의 기준은 인간의 존엄성을 보장하도록 법률로 정한다.

- 불법체류 외국인도 근로기준법의 적용을 받는다.

제32조

④ 여자의 근로는 특별한 보호를 받으며, 고용·임금 및 근로조건에 있어서 부당한 차별을 받지 아니한다.

- 여자의 근로에 대한 차별을 심사할 때는 엄격한 비례심사를 한다. 헌법이 특별히 평등을 요구하고 있는 경우이기 때문이다.

1. 근로의 권리와 관련하여 현행 헌법은 여성 근로자의 특별한 보호를 명문으로 규정하고 있다. [법원9급 18] (○)

제32조

⑤ 연소자의 근로는 특별한 보호를 받는다.

- 근로에 있어서 특별보호는 여자와 연소자에 대해 규정하고, 장애인에 대해서는 국가의 보호를 규정하고 있지만 장애인의 근로에 대해서는 규정이 없다.

1. 우리 헌법은 연소자의 근로는 특별한 보호를 받는다고 명문으로 규정하고 있다. [법무사 21] (○)

제32조

⑥ 국가유공자·상이군경 및 전몰군경의 유가족
은 법률이 정하는 바에 의하여 우선적으로 근로의
기회를 부여받는다.

- 국가유공자와 상이군경의 경우에는 본인만 헌법에서 차별을 허용하고 있고, 가족의 경우는 헌법이 근로기회를 인정하는 것이 아니다.
- 전몰군경의 유가족은 본인이 사망한 경우이니까 유가족에게 근로의 기회를 부여한다.
- 따라서 국가유공자와 상이군경 본인에 대해서는 완화된 심사를 하고 그 가족에게는 엄격한 심사를 한다.

1. 근로의 권리와 관련하여 현행 헌법은 국가유공자 등에 대한 근로기회 우선보장을 명문으로 규정하고 있다.
　　　　　　　　　　　　　　　[법원9급 18] (○)

2. 헌법에서는 국가유공자의 유가족, 상이군경의 유가족 및 전몰군경의 유가족은 법률이 정하는 바에 의하여 우선적으로 근로의 기회를 부여받는다고 규정하고 있다. [행정고시 20] (×)

제33조

① 근로자는 근로조건의 향상을 위하여 자주적인
단결권·단체교섭권 및 단체행동권을 가진다.

- 단결권에는 적극적 단결권(단결할 권리)만 인정되고 소극적 단결권(단결하지 않을 권리)은 인정되지 않는다.
- 소극적 단결권은 일반적 행동자유권 또는 결사의 자유에 의해 보장된다.
- 단체교섭권의 대상은 근로조건과 관계되는 사항에 한정된다.

1. 헌법은 근로자의 단결권·단체교섭권·단체행동권을 보장하고 있다. [경찰승진 16] (○)

2. 헌법 제33조 제1항에 규정되어 있는 단체행동권의 주체는 근로자와 사용자이다. [국가7급 07] (×)

3. 쟁의행위의 목적은 근로조건의 향상을 위한 것이어야 한다. [국회8급 11] (○)

제33조

② 공무원인 근로자는 법률이 정하는 자에 한하여
단결권·단체교섭권 및 단체행동권을 가진다.

- 공무원도 근로자임을 헌법에서 명시하고 있다. 사실상 노무에 종사하는 공무원은 근로3권을 모두 가지나, 그 외의 공무원은 단결권과 단체교섭권만 인정된다. 사실상 노무에 종사하는 공무원의 범위를 조례로 위임하였는데 이 이 조례를 정하지 않은 행정입법부작위는 헌법에 위반된다.
- 공무원의 근로3권에는 과잉금지원칙이 적용되지 않는다.

1. 단결권·단체교섭권 및 단체행동권을 가지는 공무원의 범위를 법률로 정할 경우 헌법에 위반된다.
　　　　　　　　　　　　　　[국가7급 11] (×)

제33조

③ 법률이 정하는 주요방위산업체에 종사하는 근로자의 단체행동권은 법률이 정하는 바에 의하여 이를 제한하거나 인정하지 아니할 수 있다.

• 방산체 종사자에게 제한되는 것은 단체행동권이고 단결권과 교섭권은 제한되지 않는다.

1. 헌법은 "법률이 정하는 주요방위산업체에 종사하는 근로자의 단결권은 법률이 정하는 바에 의하여 이를 제한하거나 인정하지 아니할 수 있다."라고 규정하고 있다. [행정고시 15] (×)

2. 법률이 정하는 주요방위산업체에 종사하는 근로자의 단체교섭권은 법률이 정하는 바에 의하여 이를 제한하거나 인정하지 아니할 수 있다. [행정고시 17] (×)

3. 법률이 정하는 주요방위산업체에 종사하는 근로자의 근로3권은 법률이 정하는 바에 의하여 이를 제한하거나 인정하지 않을 수 있다. [서울7급 15] (×)

제34조

① 모든 국민은 인간다운 생활을 할 권리를 가진다.

• 제5차 개헌에서 규정. 인간다운 생활의 내용에 대해 헌재는 최소한의 물질적생활까지만 인정한다. 국민기초생활보장법은 건강하고 문화적인 생활까지 생활까지 인정한다.

1. 헌법재판소는 헌법 제34조 제1항이 정하고 있는 인간다운 생활을 할 권리는 법률에 의하여 구체화될 때 비로소 인정되는 법률상의 권리라고 본다. [국회8급 16] (O)

제34조

② 국가는 사회보장·사회복지의 증진에 노력할 의무를 진다.

• 사회보험(의료보험)은 본인의 부담이 있고 공적부조(의료급여)는 본인의 부담없이 국가가 지원한다(국민기초생활보장법)

1. 사회보장수급권은 사회적 기본권으로서 국가에게 적극적으로 급부 요구를 요구할 수 있는 권리를 주된 내용으로 하며, 헌법 제34조 제1항, 제2항에 의하여 보장된다. [법원9급 20] (O)

2. 사회보장수급권은 헌법 제34조 제1항 및 제2항 등으로부터 개인에게 직접 주어지는 헌법적 차원의 권리이다. [서울7급 13] (×)

제34조

③ 국가는 여자의 복지와 권익의 향상을 위하여 노력하여야 한다.

• 여성고용특별법

제34조

④ 국가는 노인과 청소년의 복지향상을 위한 정책을 실시할 의무를 진다.

• 청소년보호법, 노인복지법

제34조

⑤ 신체장애자 및 질병·노령 기타의 사유로 생활능력이 없는 국민은 법률이 정하는 바에 의하여 국가의 보호를 받는다.

• 장애인의 근로에 대해서는 규정이 없다. 헌법은 신체장애자에 대한 국가의 보호 또는 장애인 근로자의 특별한 보호 또는 명문규정이 없다.

1. 근로의 권리와 관련하여 현행 헌법은 장애인 근로자의 특별한 보호를 명문으로 규정하고 있다.

[법원9급 18] (×)

제34조

⑥ 국가는 재해를 예방하고 그 위험으로부터 국민을 보호하기 위하여 노력하여야 한다.

• 중대재해방지법

1. 현행 헌법은 국가가 여자의 복지와 권익의 향상을 위하여 노력하고, 재해를 예방하고 그 위험으로부터 국민을 보호하기 위하여 노력하도록 규정하고 있다.

[변호사 20] (○)

2. 헌법은 국가의 재해예방 의무에 대해서 아무런 규정을 두고 있지 않다. [법원9급 21] (×)

제35조

① 모든 국민은 건강하고 쾌적한 환경에서 생활할 권리를 가지며, 국가와 국민은 환경보전을 위하여 노력하여야 한다.

- 제8차 개헌
- 환경권은 권리인 동시에 의무의 성격이 있다.
- 자연환경뿐만 아니라 인공환경(소음)도 보호대상이다.

1. 환경보전은 단순히 국가의 노력만으로 이루어지기는 어려우므로 헌법은 국민의 환경보전 노력 의무도 정하고 있다. [법무사 18] (○)

제35조

② 환경권의 내용과 행사에 관하여는 법률로 정한다.

- 환경정책기본권(무과실책임)

1. 환경권을 구체화하는 명문의 법률규정이 없더라도, 헌법 제35조 제1항을 근거로 하여 환경권 침해에 배제를 구하는 민사소송을 제기할 수 있다. [서울7급 13] (×)

제35조

③ 국가는 주택개발정책등을 통하여 모든 국민이 쾌적한 주거생활을 할 수 있도록 노력하여야 한다.

- 제9차개헌

제36조

① 혼인과 가족생활은 개인의 존엄과 양성의 평등을 기초로 성립되고 유지되어야 하며, 국가는 이를 보장한다.

- 헌법이 특별히 평등을 요구하는 경우이므로 가족을 차별하는 입법에 대한 심사기준은 엄격한 비례원칙이 적용된다.
- 혼인과 가족생활의 평등은 자유권+제도보장+모든 공사법상의 평등이 모든 문제에 적용되는 헌법적 원리이다.
- 자산소득부부합산제, 종부세 세대별합산은 제36조 제1항 위배, 혼인자간음 차별도 제36조 제1항 위배(혼법 위배, 혼인자간음 차별은 평등성이 인정되지 않음).
- 공동사업합산과세는 위헌(비례원칙위반)이나 제36조 제1항 위배는 아님.

1. 현행헌법은 혼인과 가족생활에 대한 국가의 보장의무를 규정하고 있다. [법무사 13] (○)

2. 헌법 제36조 제1항에서 규정하는 '혼인'이란 양성이 평등하고 존엄한 개인으로서 자유로운 의사의 합치에 의하여 생활공동체를 이루는 것을 말하므로, 법적으로 승인되지 아니한 사실혼도 헌법 제36조 제1항의 보호범위에 포함된다. [변호사 17] (×)

제36조

② 국가는 모성의 보호를 위하여 노력하여야 한다.

• 제9차개헌

제36조

③ 모든 국민은 보건에 관하여 국가의 보호를 받는다.

• 감염병예방법

1. 국민의 보건에 관한 권리는 국민이 자신의 건강을 유지하는데 필요한 국가적 급부와 배려까지 요구할 수 있는 권리를 포함하는 것은 아니다. [행정고시 21] (×)

제37조

① 국민의 자유와 권리는 헌법에 열거되지 아니한 이유로 경시되지 아니한다.

• 명문의 규정이 없어도 기본권으로 인정된다.

제37조

② 국민의 모든 자유와 권리는 국가안전보장·질서유지 또는 공공복리를 위하여 필요한 경우에 한하여 법률로써 제한할 수 있으며, 제한하는 경우에도 자유와 권리의 본질적인 내용을 침해할 수 없다.

• 국가안전보장은 제7차개헌
• 질서유지는 좁은 의미로 해석
• 일반적법률유보(모든 자유와 권리를 법률로 제한)
• 과잉금지원칙(필요한 경우에 한하여): 목적의 정당성 → 수단의 적합성 → 침해의 최소성 → 법익균형성
• 본질적 내용침해금지(제3차에서 규정 → 제7차개헌에서 삭제 → 제8차개헌에서 다시 규정)

1. 헌법 제37조 제2항에 기본권의 제한은 법률로써 가능하도록 규정되어 있는바, 이는 기본권의 제한이 원칙적으로 국회에서 제정한 형식적 의미의 법률에 의해서만 가능하다는 것과, 직접 법률에 의하지 아니하는 예외적인 경우라 하더라도 엄격히 법률에 근거하여야 한다는 것을 의미한다. [변호사 15] (○)

- 기본권의 제한은 법률에 의한 제한뿐만 아니라 법률에 **근거한 제한도 가능하다.** 즉 법률에서 위임한 법규명령 등에 의한 제한도 가능하다. 법률의 구체적 위임을 받은 위임명령으로도 기본권을 제한할 수 있다(헌법 제75조, 제95조). 다만 그 위임이 정도는 구체적 위임이어야 한다. 집행명령은 상위법이 집행절차에 불과하기 때문에 **집행명령으로 기본권을 제한할 수는 없다.**

- 행정규칙은 원래 행정청 내부의 업무에 관한 것을 내용으로 하기 때문에 국민의 권리·의무에 관한 사항을 정할 수 없다(훈령, 고시 등). 그러나 행정규칙이 상위 법령과 결합하여 대외적 구속력을 가지는 '법령보충적 행정규칙'의 경우에는 기본권을 제한할 수 있다.

- 전국가적 의무는 없다.

- 군정·군령 일원주의

제38조
모든 국민은 법률이 정하는 바에 의하여 납세의 의무를 진다.

제39조
① 모든 국민은 법률이 정하는 바에 의하여 국방의 의무를 진다.

---

1. 병역의무는 국민 전체의 인간으로서의 존엄과 가치를 보장하기 위한 것이므로, 양심적 병역거부자의 양심의 자유가 국방의 의무보다 우월한 가치라고 할 수 없다. [경찰승진 22] (O)

제39조

② 누구든지 병역의무의 이행으로 인하여 불이익한 처우를 받지 아니한다.

- 병역의무 이행 중에 입은 불이익은 여기에 해당하지 않는다.
- 사실상·경제상의 불이익이 아니라 법적인 불이익을 의미한다. 그러나 병역의무이행을 직접적 이유로 한 불이익만이 아니라 병역의무 이행으로 인한 결과적 간접적 불이익을 포함한다.

1. 헌법 제39조 제2항의 "누구든지 병역의무의 이행으로 인하여 불이익한 처우를 받지 아니한다."에서 금지하는 불이익한 처우에는 법적인 것뿐만 아니라 사실상·경제상의 불이익까지 포함한다. [국회8급 12] (×)

제 3 장 국회

제41조

① 국회는 국민의 보통·평등·직접·비밀선거에 의하여 선출된 국회의원으로 구성한다.

- 자유선거에 대한 명문 규정은 없지만 당연히 인정된다.
- 보통선거의 확립은 고전적 대의제의 위기 원인이다.

1. 현행 헌법은 대통령 선거에 관하여 국민의 보통·평등·직접·비밀선거의 원칙을 규정하고 있고, 국회의원 선거에 관하여는 위 원칙들에 관한 규정이 없으나, 헌법해석상 당연히 적용되는 것으로 보아야 한다. [법원9급 20] (×)

제41조

② 국회의원의 수는 법률로 정하되, 200인 이상으로 한다.

- 현재 국회의원 수는 300명.
- 국회의원 선거구 획정위원회는 중앙선관위에 두지만, 자치구·시·군의원 선거구획정위원회는 시·도에 둔다.
- 기초의원은 중선거구제(2명에서 4명)로 한다.

1. 국회의원의 수는 헌법에 규정되어 있으며, 300인으로 한다. [행정고시 19] (×)
2. 헌법은 국회의원 수의 하한을 200명으로 명시하고 있다. [국회9급 20] (O)

제60조

① 국회는 상호원조 또는 안전보장에 관한 조약, 중요한 국제조직에 관한 조약, 우호통상항해조약, 주권의 제약에 관한 조약, 강화조약, 국가나 국민에게 중대한 재정적 부담을 지우는 조약 또는 입법사항에 관한 조약의 체결·비준에 대한 동의권을 가진다.
② 국회는 선전포고, 국군의 외국에의 파견 또는 외국군대의 대한민국 영역 안에서의 주류에 대한 동의권을 가진다.

- 조약의 체결·비준은 대통령의 권한이고, 국회는 동의권을 가진다.
- 제60조에 규정된 조약은 열거적 조항으로 보는 것이 통설이다. 무역조약과 어업조약은 동의를 요하지 않는다. 다만, 국회의 동의를 받으면 법률과 동일한 효력이 인정된다.
- 주권의 제약에 대한 헌법적 규정이 있고 조약에 의하여 주권의 제약이 가능하다.

1. 헌법 제60조 제1항에 따라 국회는 조약의 동의를 얻어 법률적 효력을 가지는 조약은 기본권을 제한할 수 있으나, 그 경우에도 헌법 제37조 제2항이 비례의 원칙을 준수해야 한다. [경찰승진 15] (O)

제67조
① 대통령은 국민의 보통·평등·직접·비밀선거에 의하여 선출한다.

• 대통령은 국민의 보통·평등·자유·비밀선거에 의하여 선출한다. [법무사 19] (×)

1. 대통령은 국민의 보통·평등·자유·비밀선거에 의하여 선출한다. [법무사 19] (×)

제67조
② 제1항의 선거에 있어서 최고득표자가 2인 이상인 때에는 국회의 재적의원 과반수가 출석한 공개회의에서 <u>다수표</u>를 얻은 자를 당선자로 한다.

• 대통령 간선: 건국헌법(국회), 제3차(국회), 제7차(통일주체국민회의), 제8차 개헌(대통령선거인단)

• 과반수 득표가 아니라 다수 득표자가 당선자가 된다.

1. 대통령선거에 있어서 최고득표자가 2인 이상인 때에는 국회의 공개회의에서 재적의원 과반수의 출석과 출석의원 과반수의 찬성을 얻은 자를 당선자로 한다.
[국가7급 21] (×)

제67조
③ 대통령후보자가 1인일 때에는 그 득표수가 선거권자 총수의 3분의 1 이상이 아니면 대통령으로 당선될 수 없다.

• 대통령 외의 선거는 후보가 1인일 때 무투표 당선이 가능하다.

1. 대통령후보자가 1인일 때에는 그 득표수가 선거권자 총수의 2분의 1 이상이 아니면 대통령으로 당선될 수 없다. [법원9급 14] (×)

제67조

④ 대통령으로 선거될 수 있는 자는 국회의원의 피선거권이 있고 선거일 현재 40세에 달하여야 한다.

- 대통령 피선거권에 대한 40세의 제한은 헌법이 직접 규정하고 있다. 기본권행사 능력을 헌법이 직접 규정하고 있는 경우이다.

1. 대통령으로 선거될 수 있는 자는 국회의원의 피선거권이 있고 선거기간개시일 현재 40세에 달하여야 한다. [경찰승진 22] (×)

2. 헌법을 개정하지 않고도 대통령의 피선거권 연령을 30세로 낮출 수 있다. [소방간부 22] (×)

제68조

① 대통령의 임기가 만료되는 때에는 임기만료 70일 내지 40일전에 후임자를 선거한다.

- 공직선거법 제34조(선거일) ① 임기만료에 의한 선거의 선거일은 다음 각호와 같다.

1. 대통령선거는 그 임기만료일전 70일 이후 첫번째 수요일
2. 국회의원선거는 그 임기만료일전 50일 이후 첫번째 수요일
3. 지방의회의원 및 지방자치단체의 장의 선거는 그 임기만료일전 30일 이후 첫번째 수요일

② 제1항에 의한 선거일이 국민생활과 밀접한 관련이 있는 민속절 또는 공휴일인 때와 선거일전일이나 그 다음날이 공휴일인 때에는 그 다음주의 수요일로 한다.

1. 대통령의 임기가 만료되는 때에는 임기만료 70일 내지 30일 전에 후임자를 선거한다. [국회8급 21] (×)

제68조

② 대통령이 궐위된 때 또는 대통령 당선자가 사망하거나 판결 기타의 사유로 그 자격을 상실한 때에는 60일 이내에 후임자를 선거한다.

- 임기만료에 의한 모든 선거는 선거일법정주의를 취하고 있다. 국회의원 등에 보궐선거도 선거일 법정주의이다. 대통령보궐선거와 재선거는 선거일공고주의이다.

1. 대통령이 궐위된 때 또는 대통령 당선자가 사망하거나 판결 기타의 사유로 그 자격을 상실한 때에는 90일 이내에 후임자를 선거한다. [소방간부 21] (×)

제72조

대통령은 필요하다고 인정할 때에는 외교·국방·통일 기타 국가안위에 관한 중요정책을 국민투표에 붙일 수 있다.

• 국민투표는 헌법에 명문의 규정이 있는 경우에만 가능하고 주권의 이름으로 할 수 없다. 제72조의 국민투표에는 정족수의 규정이 없다.

• 국민투표의 최초도입은 제2차 개헌(주권의 제약 또는 영토변경의 경우)이다. 이때의 국민투표는 국회의결 후 국민투표로 있다. 헌법개정에 국민투표 도입은 제5차 개헌이다. 제3공화국 헌법은 국민투표로 확정되었으나, 제2공화국 헌법의 규정에 따른 것이 아니었다.

• 제72조의 국민투표에는 정족수의 규정이 없고, 투표결과에 대한 구속력에 대해서도 규정이 없다.

1. 헌법 제72조는 대통령에게 국민투표의 실시여부, 시기, 구체적 부의사항, 설문내용 등을 결정할 수 있는 임의적인 국민투표부의권을 독점적으로 부여하고 있다. [국회9급 17] (O)

제76조

① 대통령은 내우·외환·천재·지변 또는 중대한 재정·경제상의 위기에 있어서 국가의 안전보장 또는 공공의 안녕질서를 유지하기 위하여 긴급한 조치가 필요하고 국회의 집회를 기다릴 여유가 없을 때에 한하여 최소한으로 필요한 재정·경제상의 처분을 하거나 이에 관하여 법률의 효력을 가지는 명령을 발할 수 있다.

• 긴급재정경제처분·명령의 요건이다.

1. 긴급재정경제명령은 중대한 재정·경제상의 위기가 현실적으로 발생한 경우에 한하여 발할 수 있으므로, 이러한 위기가 발생할 우려가 있다는 이유로 사전적·예방적으로 발할 수는 없다. [법행고시 21] (O)

2. 헌법상 긴급재정·경제명령은 대통령의 효력을 갖는다. [국회9급 14] (×)

제76조

② 대통령은 국가의 안위에 관계되는 중대한 교전 상태에 있어서 국가를 보위하기 위하여 긴급한 조치가 필요하고 국회의 집회가 불가능한 때에 한하여 법률의 효력을 가지는 명령을 발할 수 있다.

• 긴급명령의 요건이다.

1. 대통령은 국가의 안위에 관계되는 중대한 교전상태에 있어서 국가를 보위하기 위하여 긴급한 조치가 필요하고 국회의 집회를 기다릴 여유가 없을 때에 한하여 법률의 효력을 가지는 명령을 발할 수 있다.
   [국회9급 21] (×)

제76조

③ 대통령은 제1항과 제2항의 처분 또는 명령을 한 때에는 지체없이 국회에 보고하여 그 승인을 얻어야 한다.

• 동의가 아니라 사후승인이다.

1. 대통령이 긴급재정경제처분은 처분으로서의 효력을 갖는 데 지나지 않으므로 국회의 승인을 요하지는 않으나 각급 법원에 의한 심사대상이 된다.
   [지방7급 15] (×)

제76조

④ 제3항의 승인을 얻지 못한 때에는 그 처분 또는 명령은 그때부터 효력을 상실한다. 이 경우 그 명령에 의하여 개정 또는 폐지되었던 법률은 그 명령이 승인을 얻지 못한 때부터 당연히 효력을 회복한다.

1. 긴급재정·경제처분권과 긴급재정·경제명령권은 즉시 국회에 보고하여 그 승인을 얻어야 하는바, 이러한 승인을 얻지 못하면 그 처분 또는 명령을 발한 때까지 소급하여 효력을 상실한다. [국회8급 20] (×)

제76조

⑤ 대통령은 제3항과 제4항의 사유를 지체없이 공포하여야 한다.

	긴급재정경제처분권·명령권	긴급명령권	계엄선포권
상황	내우·외환·천재·지변 기타 중대한 재정·경제상의 위기	국가안위에 관계되는 중대한 교전상태	전시·사변(별력으로서 군사상의 필요에 응하거나 공공의 안녕질서를 유지할 필요가 있을 때)
국회	국회의 집회를 기다릴 여유가 없을 때	국회의 집회가 불가능할 때	국회집회여부와 관계없음.
효력	긴급 재정·경제처분은 명령이 효력, 긴급재정·경제명령은 법률의 효력	법률의 효력 → 기본권 제한 가능, 기존의 법률을 개정 폐지 가능	비상계엄시 영장제도, 언론·출판·집회·결사의 자유, 정부나 법원의 권한에 대한 특별조치 가능
통제	국회에 지체없이 보고하고 승인을 얻어야 하며 승인을 얻지 못하면 그때부터 효력 상실. 이 경우 그 명령에 의하여 개정 또는 폐지되었던 법률은 그 명령이 승인을 얻지 못한 때부터 당연히 효력을 회복한다.		지체없이 국회에 통고. 국회는 재적 과반수로 해제를 요구할 수 있고 대통령은 해제하여야 함. 국회의 승인은 필요 없음.
국무회의	발동과 해제시 모두 국무회의 심의를 거쳐야 한다.		
목적	국가긴급권은 국가안전보장이나 질서유지와 같은 소극적 목적을 위해서는 가능하지만 공공복리와 같은 적극적 목적을 위하여 행사할 수 없다.		
계엄법	계엄법에는 비상계엄시 거주이전의 자유나 단체행동에 대해서도 특별한 조치를 규정하고 있다. 기본권에 대한 특별한 조치는 비상계엄 하에서만 기능하고 경비계엄 하에서는 할 수 없다.		

제77조

① 대통령은 전시·사변 또는 이에 준하는 국가비상사태에 있어서 병력으로써 군사상의 필요에 응하거나 공공의 안녕질서를 유지할 필요가 있을 때에는 법률이 정하는 바에 의하여 계엄을 선포할 수 있다.

• 공공의 안녕질서 유지가 계엄의 목적이다. 공공복리가 목적이 아니다.

1. 대통령은 국회의 집회가 불가능하고, 국가의 안위에 관계되는 중대한 교전상태를 발생했을 때 계엄을 선포할 수 있다. [국가7급 16] (×)

제77조

② 계엄은 비상계엄과 경비계엄으로 한다.

• 계엄의 종류는 법률로 정하는 것이 아니라, 헌법이 직접 규정하고 있다.

제77조

③ 비상계엄이 선포된 때에는 법률이 정하는 바에 의하여 영장제도, 언론·출판·집회·결사의 자유, 정부나 법원의 권한에 관하여 특별한 조치를 할 수 있다.

• 경비계엄으로는 기본권에 대한 특별한 조치를 할 수 없다.

1. 경비계엄이 선포된 때에는 법률이 정하는 바에 의하여 영장제도, 언론·출판·집회·결사의 자유, 정부나 법원의 권한에 관하여 특별한 조치를 할 수 있다. [경찰승진 19] (×)

2. 비상계엄이 선포된 경우 영장제도와 언론·출판·집회·결사의 자유에 대한 특별한 조치를 통하여 기본권을 제한할 수 있는 명시적인 헌법상 근거가 존재한다. [경찰승진 17] (○)

제77조

④ 계엄을 선포한 때에는 대통령은 지체없이 국회에 통고하여야 한다.

• 계엄은 국회의 승인이 필요없다

1. 계엄을 선포할 때에는 대통령은 지체없이 보고하고 승인을 얻어야 한다. [행정고시 22] (×)

제77조

⑤ 국회가 재적의원 과반수의 찬성으로 계엄의 해제를 요구한 때에는 대통령은 이를 해제하여야 한다.

• 계엄해제로 국무회의의 심의를 가쳐야 한다.

1. 국회가 재적의원 과반수의 출석과 출석의원 과반수의 찬성으로 계엄의 해제를 요구한 때에는 대통령은 이를 해제하여야 한다. [지방7급 18] (×)

제109조

재판의 심리와 판결은 공개한다. 다만, 심리는 국가의 안전보장 또는 안녕질서를 방해하거나 선량한 풍속을 해할 염려가 있을 때에는 <u>법원의 결정</u>으로 공개하지 아니할 수 있다.

- 공공복리는 비공개사유가 아니다.
- 공개대상은 재판의 「심리와 판결」만이므로 **공개준비절차는 공개할 필요가 없다.**
- 심리는 비공개가 가능하지만, 판결은 반드시 공개하여야 한다.
- 소년보호사건절차는 공개하지 않으며, 소년심판과 가서사건은 그 보다가 제한된다(가소법 제10조, 소년법 제68조).

1. 재판의 심리와 판결은 공개한다. 다만, 국가의 안전보장 또는 안녕질서를 방해하거나 선량한 풍속을 해할 염려가 있을 때에는 법원의 결정으로 심리와 판결을 공개하지 아니할 수 있다. [국가7급 21] (×)

제110조

① 군사재판을 관할하기 위하여 **특별법원으로서** 군사법원을 둘 수 있다.
② 군사법원의 상고심은 대법원에서 관할한다.
③ 군사법원의 조직·권한 및 재판관의 자격은 법률로 정한다.
④ 비상계엄하의 군사재판은 군인·군무원의 범죄나 군사에 관한 간첩죄의 경우와 초병·초소·유독음식물공급·포로에 관한 죄 중 법률이 정한 경우에 한하여 단심으로 할 수 있다. 다만, 사형을 선고한 경우에는 그러하지 아니하다.

- 군사법원은 법원조직법상 법원이 아니라 군사법원법상의 별도의 법원이다.
- 보통군사법원 → 고등법원(일반법원) → 대법원의 3심제

1. 군사법원은 현행 헌법이 명문으로 인정하고 있는 유일한 특별법원이다. [법원9급 10] (○)

제 **6** 장 **헌법재판소**

제 **7** 장 **선거관리**

제 **8** 장 **지방자치**

제117조

① 지방자치단체는 주민의 복리에 관한 사무를 처리하고 재산을 관리하며, 법령의 범위 안에서 자치에 관한 규정을 제정할 수 있다.

• 주민의 복리에 관한 사무는 자치사무를 말한다. 즉 현법은 자치사무에 대해서는 규정이 있지만 위임사무에 대해서는 별도의 규정을 두고 있지 않다.

제117조

② 지방자치단체의 종류는 법률로 정한다.

• 광역자치단체: 시 · 도 (특별시 · 광역시, 도를 말한다)

• 기초자치단체: 시 · 군 · 구(이때 시는 특별시 · 광역시가 아닌 시, 구는 특별시 광역시에 있는 구를 말한다.)

제118조

① 지방자치단체에 의회를 둔다.

② 지방의회의 조직 · 권한 · 의원선거와 지방자치단체의 장의 선임방법 기타 지방자치단체의 조직과 운영에 관한 사항은 법률로 정한다.

• 지방의회는 헌법에 의해 반드시 구성하여야 한다.

• 지방의회의원 선거에 대해서는 헌법에 명문 규정이 있기 때문에 주민의 지방의회의원 선거권은 헌법상의 기본권이다. 그러나 지방자치단체장의 선거에 관한 명문규정이 없으므로 지방자치단체장을 임명하더라도 헌법의 명문에 반하는 것은 아니다. 다만 헌법재판소는 지방자치장 선거권도 기본권으로 인정한다.

1. 지방의회의 조직 · 권한 · 의원선거와 지방자치단체의 장의 선임방법 기타 지방자치단체의 조직과 운영에 관한 사항은 조례로 정한다. [법무사 18] (×)

제119조

① 대한민국의 경제질서는 개인과 기업의 경제상의 자유와 창의를 존중함을 기본으로 한다.

• 우리 헌법상 경제질서는 자유시장경제질서가 원칙이라는 규정이다.

• 건국헌법은 사회화의 경향이 강하였으나, 제2차 개헌에서 자유시장경제로 전환하였다. 건국헌법의 근로자 이익분배균점권은 제5차 개헌에서 삭제 되었다.

제119조

② 국가는 균형있는 국민경제의 성장 및 안정과 적정한 소득의 분배를 유지하고, 시장의 지배와 경제력의 남용을 방지하며, 경제주체간의 조화를 통한 경제의 민주화를 위하여 경제에 관한 규제와 조정을 할 수 있다.

• 자유시장경제질서를 원칙으로 하되 경제에 대한 국가의 규제와 조정을 인정함으로써 사회적 시장경제질서적을 규정하고 있다. 사회국가원리의 도입에 관한 규정이다.

• 적정한 소득의 분배로부터 누진세를 도입하여야 할 헌법적 의무는 도출되지 않는다.

1. 지속가능한 국민경제의 성장은 현행 헌법이 명문으로 규정하고 있다. [법원9급 15] (×)

2. 헌법은 국가가 독과점의 규제와 조정 및 공정거래의 보장에 관하여 노력할 의무가 있음을 명문으로 규정하고 있다. [법무사 14] (×)

제120조

① 광물 기타 중요한 지하자원·수산자원·수력과 경제상 이용할 수 있는 자연력은 법률이 정하는 바에 의하여 일정한 기간 그 채취·개발 또는 이용을 특허할 수 있다.

② 국토와 자원은 국가의 보호를 받으며, 국가는 그 균형있는 개발과 이용을 위하여 필요한 계획을 수립한다.

- 헌법은 수력에 관한 규정을 두고 있지만 풍력에 관한 규정은 없다.

1. 수력은 법률이 정하는 바에 의하여 일정한 기간 그 이용을 특허할 수 있다. [경찰승진 20] (○)

제121조

① 국가는 농지에 관하여 경자유전의 원칙이 달성될 수 있도록 노력하여야 하며, 농지의 소작제도는 금지된다.

② 농업생산성의 제고와 농지의 합리적인 이용을 위하거나 불가피한 사정으로 발생하는 농지의 임대차와 위탁경영은 법률이 정하는 바에 의하여 인정된다.

- 자경농지에 대해서만 양도소득세를 면제하는 것은 합헌이다.

1. 경자유전의 원칙은 현행 헌법이 명문으로 규정하고 있다. [법원9급 15] (○)
2. 국가는 농지에 관하여 경자유전의 원칙이 달성될 수 있도록 노력하여야 하며, 농지의 임대차는 금지된다. [행정고시 17] (×)

제122조

국가는 국민 모두의 생산 및 생활의 기반이 되는 국토의 효율적이고 균형있는 이용·개발과 보전을 위하여 법률이 정하는 바에 의하여 그에 관한 필요한 제한과 의무를 과할 수 있다.

• 토지에 대한 제한은 다른 재산권보다 광범위한 입법형성권이 인정된다.(토지공개념)

제123조

① 국가는 농업 및 어업을 보호·육성하기 위하여 농·어촌종합개발과 그 지원 등 필요한 계획을 수립·시행하여야 한다.

② 국가는 지역간의 균형있는 발전을 위하여 지역경제를 육성할 의무를 진다.

입법자가 지역경제를 육성하기 위해서는 지역간의 심한 경제적 불균형과 같은 구체적이고 합리적인 사유가 있어야 한다.

③ 국가는 중소기업을 보호·육성하여야 한다.

• 농업·어업·지역경제·중소기업 보호에 관한 헌법 규정이 있다.

1. 중소기업의 보호·육성은 현행 헌법이 명문으로 규정하고 있다. [법원9급 15] (O)

제123조

④ 국가는 농수산물의 수급균형과 유통구조의 개선에 노력하여 가격안정을 도모함으로써 농·어민의 이익을 보호한다.

• 농수산물의 수급균형과 유통구조의 개선은 농 어민을 보호하기 위한 것이지 소비자의 이익을 보호하기 위한 것이 아니다.

1. 농수산물이 수급균형은 현행 헌법이 명문으로 규정하고 있다. [법원9급 15] (O)

제123조

⑤ 국가는 농·어민과 중소기업의 자조조직을 육성하여야 하며, 그 자율적 활동과 발전을 보장한다.

- 자조조직이 제대로 기능하지 못하는 때는 국가가 적극적으로 이를 육성하고 발전시켜야할 의무가 있다.

제124조

국가는 건전한 소비행위를 계도하고 생산품의 품질향상을 촉구하기 위한 소비자보호운동을 법률이 정하는 바에 의하여 보장한다.

- 소비자 보호운동은 제8차 개헌에서 규정되었다.

제125조

국가는 대외무역을 육성하며, 이를 규제·조정할 수 있다.

- 헌법은 대외무역의 육성과 규제·조정에 관한 명문규정을 두고 있다.

제126조

국방상 또는 국민경제상 긴절한 필요로 인하여 법률이 정하는 경우를 제외하고는, 사영기업을 국유 또는 공유로 이전하거나 그 경영을 통제 또는 관리할 수 없다.

- 사기업의 예외적 국·공유화는 국방상 또는 국민경제상 긴절한 필요가 있어야 하고 법률이 정하는 경우여야 한다.

1. 우리 헌법은 경제주체의 경제상의 자유와 창의를 존중함을 기본으로 하므로 국민경제상 긴절한 필요가 있어 법률로 규정하더라도 사영기업을 국유 또는 공유로 이전하는 것은 인정되지 않는다. [법무사 18] (×)

제127조

① 국가는 과학기술의 혁신과 정보 및 인력의 개발을 통하여 국민경제의 발전에 노력하여야 한다.

② 국가는 국가표준제도를 확립한다.

③ 대통령은 제1항의 목적을 달성하기 위하여 필요한 자문기구를 둘 수 있다.

- 헌법은 과학기술 혁신과 정보 및 인력개발, 국가표준제도에 대해서 규정하고 있다.
- 과학기술자문회의는 헌법기구가 아니라 법률상 기구이다.

제 **10** 장 ❯ 헌법개정

제128조

① 헌법개정은 국회재적의원 과반수 또는 대통령의 발의로 제안된다.

② 대통령의 임기연장 또는 중임변경을 위한 헌법개정은 그 헌법개정 제안 당시의 대통령에 대하여는 효력이 없다.

- 제2차 개헌에서 국민도 헌법개정안을 발안할 수 있는 규정이 도입되었으나 제7차 개헌에서 삭제 되었다.
- 대통령 중임제한은 제8차 개헌에서 구정되었다. 개정금지조항이 아니라 인적효력범위제한설이라고 보는 것이 다수설이다.

1. 헌법개정은 국회재적의원 3분의 1 이상 또는 대통령의 발의로 제안된다. [서울7급 19] (×)

제129조

제안된 헌법개정안은 대통령이 20일 이상의 기간 이를 공고하여야 한다.

- 공고를 하는 이유는 국민적 합의를 도출하기 위함이다.
- 법률안은 수정의결이 가능하지만 헌법은 수정의결을 할 수 없다.(공고절차에 위배되기 때문이다)
- 공고절차를 위반한 개정: 제1차 개헌(발체개헌)
- 정족수를 위반한 개정: 제2차 개헌(사사오입개헌)

1. 제안된 헌법개정안은 대통령이 30일 이상의 기간 이를 공고하여야 한다. [경찰승진 21] (×)

제130조

① 국회는 헌법개정안이 공고된 날로부터 60일 이내에 의결하여야 하며, 국회의 의결은 재적의원 3분의 2 이상의 찬성을 얻어야 한다.

② 헌법개정안은 국회가 의결한 후 30일 이내에 국민투표에 붙여 국회의원선거권자 과반수의 투표와 투표자 과반수의 찬성을 얻어야 한다.

③ 헌법개정안이 제2항의 찬성을 얻은 때에는 헌법개정은 확정되며, 대통령은 즉시 이를 공포하여야 한다.

- 헌법개정은 대통령의 공포로 확정되는 것이 아니라 국민투표로 확정된다.
- 최초로 국민투표로 확정된 헌법은 제5차 개헌이지만 제2공화국 헌법에 규정된 절차를 따른 것은 아니었다.
- 헌법개정에 필수적 국민투표를 규정한 것은 제5차 개헌이다.

1. 헌법개정안은 국회가 의결한 후 60일 이내에 국민투표에 붙여 국회의원선거권자 과반수의 투표와 투표자 과반수의 찬성을 얻어야 한다. [국가7급 21] (×)

부속법령
- 국적법 -

제1조(목적)
이 법은 대한민국의 국민이 되는 요건을 정함을 목적으로 한다.

제2조(출생에 의한 국적 취득)
① 다음 각 호의 어느 하나에 해당하는 자는 출생과 동시에 대한민국 국적(國籍)을 취득한다.
1. 출생 당시에 부(父)또는 모(母)가 대한민국의 국민인 자
2. 출생하기 전에 부가 사망한 경우에는 그 사망 당시에 부가 대한민국의 국민이었던 자

3. 부모가 모두 분명하지 아니한 경우나 국적이 없는 경우에는 대한민국에서 출생한 자
② 대한민국에서 발견된 기아(棄兒)는 대한민국에서 출생한 것으로 추정한다.

• 원칙적 속인주의와 예외적 속지주의
• 속인주의: 부모양계혈통주의(법률혼 전제)

1. 출생당시 부가 외국인이더라도 모가 대한민국 국민인 경우에는 대한민국의 국적을 취득한다.
   [법원9급 10] (O)
2. 출생하기 전에 부(父)가 사망한 경우에는 그 사망 당시에 부(父)가 대한민국의 국민이었던 자는 출생과 동시에 대한민국 국적을 취득한다. [국회9급 16] (O)

• 속지주의

1. 「국적법」상 부모가 모두 국적이 없는 경우에는 대한민국에서 출생하더라도 대한민국 국적을 취득할 수 없다. [서울7급 15] (×)
2. 대한민국에서 발견된 기아는 대한민국에서 출생한 것으로 간주한다. [경찰승진 21] (×)

제3조(인지에 의한 국적 취득)

① 대한민국의 국민이 아닌 자(이하 "외국인"이라 한다)로서 대한민국의 국민인 부 또는 모에 의하여 인지(認知)된 자가 다음 각 호의 요건을 모두 갖추면 법무부장관에게 신고함으로써 대한민국 국적을 취득할 수 있다.

1. 대한민국의 「민법」상 미성년일 것
2. 출생 당시에 부 또는 모가 대한민국의 국민이었을 것

② 제1항에 따라 신고한 자는 그 신고를 한 때에 대한민국 국적을 취득한다.

제4조(귀화에 의한 국적 취득)

① 대한민국 국적을 취득한 사실이 없는 외국인은 법무부장관의 귀화허가(歸化許可)를 받아 대한민국 국적을 취득할 수 있다.

② 법무부장관은 귀화허가 신청을 받으면 제5조부터 제7조까지의 귀화 요건을 갖추었는지를 심사한 후 그 요건을 갖춘 사람에게만 귀화를 허가한다.

사실혼	부(외국인) + 모(한국인)	자는 출생과 동시에 국적 취득
	부(한국인) + 모(외국인)	생부의 인지 OR 귀화

국적취득시기

- 출생: 출생과 동시에 취득
- 인지: 신고한 때
- 재취득: 신고한 때
- 귀화: 국민선서를 하고 귀화증서를 수여받은 때

1. 사실혼관계에 있는 한국인 아버지와 외국인 어머니 사이에서 출생한 미성년인 자는 한국인 생부(生父)가 인지하여야 대한민국 국적을 취득할 수 있다. 이때에 인지를 하는 한국인 생부는 자의 출생당시에 대한민국의 국민이어야만 한다. [국회8급 11] (○)

③ 제1항에 따라 귀화허가를 받은 사람은 법무부장관 앞에서 국민선서를 하고 귀화증서를 수여받은 때에 대한민국 국적을 취득한다. 다만, 법무부장관은 연령, 신체적·정신적 장애 등으로 국민선서의 의미를 이해할 수 없거나 이해한 것을 표현할 수 없다고 인정되는 사람에게는 국민선서를 면제할 수 있다.

제5조(일반귀화 요건)

외국인이 귀화허가를 받기 위해서는 제6조나 제7조에 해당하는 경우 외에는 다음 각 호의 요건을 갖추어야 한다.

1. 5년 이상 계속하여 대한민국에 주소가 있을 것
1의2. 대한민국에서 영주할 수 있는 체류자격을 가지고 있을 것
2. 대한민국의 「민법」상 성년일 것
3. 법령을 준수하는 등 법무부령으로 정하는 품행 단정의 요건을 갖출 것
4. 자신의 자산(資産)이나 기능(技能)에 의하거나 생계를 같이하는 가족에 의존하여 생계를 유지할 능력이 있을 것

• 일반귀화는 원칙적으로 성년이어야 하지만, 미성년도 간이귀화, 특별귀화가 가능하다.
• 일반귀화는 반드시 자신의 자산이나 능력으로 생계유지 할 능력을 요하는 것이 아니다.

1. 일반귀화는 대한민국에서 영주할 수 있는 체류자격을 가지고 3년 이상 대한민국에 주소를 가지는 것 등의 요건을 갖추어야 한다. [서울7급 19] (×)

5. 국어능력과 대한민국의 풍습에 대한 이해 등 대한민국 국민으로서의 기본 소양(素養)을 갖추고 있을 것

6. 귀화를 허가하는 것이 국가안전보장·질서유지 또는 공공복리를 해치지 아니한다고 법무부 장관이 인정할 것

제6조(간이귀화 요건)

① 다음 각 호의 어느 하나에 해당하는 외국인으로서 대한민국에 3년 이상 계속하여 주소가 있는 사람은 제5조제1호 및 제1호의2의 요건을 갖추지 아니하여도 귀화허가를 받을 수 있다.

1. 부 또는 모가 대한민국의 국민이었던 사람
2. 대한민국에서 출생한 사람으로서 부 또는 모가 대한민국에서 출생한 사람
3. 대한민국 국민의 양자(養子)로서 입양 당시 대한민국의 「민법」상 성년이었던 사람

② 배우자가 대한민국의 국민인 외국인으로서 다음 각 호의 어느 하나에 해당하는 사람은 제5조제1호 및 제1호의2의 요건을 갖추지 아니하여도 귀화허가를 받을 수 있다.

- 결혼은 국적취득 사유는 아니지만 간이귀화의 요건은 된다.
- 혼인 후 기간을 채우지 못한 경우, 미성년자가 자가 있는 경우에는 자신에게 책임 없는 사유가 요구되지 않고, 미성년의 자가 없는 경우에는 자신에게 책임 없는 사유가 요구된다.
- 입양당시 성년인 자(子)는 간이귀화의 대상으로 거주요건(3년)이 필요하다.

1. 부(父) 또는 모(母)가 대한민국의 국민이었던 외국인은 대한민국에 일정기간 거주하간 거주하지 않아도 귀화하기를 받을 수 있다. [국회9급 16] (×)

2. 배우자가 대한민국 국민인 외국인으로서 그 배우자와 혼인에 따라 출생한 미성년의 자를 양육하고 있거나 양육하여야 할 자는 법무부장관이 상당하다고 인정하는 경우에 거주기간과 주소에 관계없이 귀화하기를 받을 수 있다. [국회8급 15] (×)

1. 그 배우자와 혼인한 상태로 대한민국에 2년 이상 계속하여 주소가 있는 사람

2. 그 배우자와 혼인한 후 3년이 지나고 혼인한 상태로 대한민국에 1년 이상 계속하여 주소가 있는 사람

3. 제1호나 제2호의 기간을 채우지 못하였으나, 그 배우자와 혼인한 상태로 대한민국에 주소를 두고 있던 중 그 배우자의 사망이나 실종 또는 그 밖에 자신에게 책임이 없는 사유로 정상적인 혼인 생활을 할 수 없었던 사람으로서 제1호나 제2호의 잔여기간을 채웠고 법무부장관이 상당(相當)하다고 인정하는 사람

4. 제1호나 제2호의 요건을 충족하지 못하였으나, 그 배우자와의 혼인에 따라 출생한 미성년의 자(子)를 양육하고 있거나 양육하여야 할 사람으로서 제1호나 제2호의 기간을 채웠고 법무부장관이 상당하다고 인정하는 사람

제7조(특별귀화 요건)

① 다음 각 호의 어느 하나에 해당하는 외국인으로서 대한민국에 주소가 있는 사람은 제5조제1호·제1호의2·제2호 또는 제4호의 요건을 갖추지 아니하여도 귀화허가를 받을 수 있다.

1. 부 또는 모가 대한민국의 국민인 사람. 다만, 양자로서 대한민국의 「민법」상 성년이 된 후에 입양된 사람은 제외한다.
2. 대한민국에 특별한 공로가 있는 사람
3. 과학·경제·문화·체육 등 특정 분야에서 매우 우수한 능력을 보유한 사람으로서 대한민국의 국익에 기여할 것으로 인정되는 사람

• 특별귀화의 경우 거주기간을 요하지 않지만 주소는 필요하다.

• 입양에 의한 특별귀화는 한국 민법에 의해 미성년인 경우에만 인정된다.

• 입양당시 미성년인자는 특별귀화 대상으로 거주 요건이 필요없다.

1. '대한민국에 특별한 공로가 있는 자'나 '과학·문화·체육 등 특정분야에서 매우 우수한 능력을 보유한 자로서 대한민국의 국익에 기여할 것으로 인정되는 자'는 대한민국에 주소가 없어도 귀화허가를 받을 수 있다. [법무사 16] (×)

제8조(수반 취득)

① 외국인의 자(子)로서 대한민국의 「민법」상 미성년인 사람은 부 또는 모가 귀화허가를 신청할 때 함께 국적 취득을 신청할 수 있다.

② 제1항에 따라 국적 취득을 신청한 사람은 부 또는 모가 대한민국 국적을 취득한 때에 함께 대한민국 국적을 취득한다.

• 수반 취득은 부모가 귀화할 때 자(子)가 부모에 수반하여 귀화할 수 있는 제도이다.

• 미성년자의 수반 취득은 권리조항이다.

• 처의 수반 취득조항은 삭제되었고, 외국인의 처는 단독 귀화가 가능하다.

1. 외국인의 자(子)로서 대한민국의 「민법」상 성년인 사람은 부 또는 모가 귀화허가를 신청할 때 함께 국적 수반취득을 신청할 수 있다. [지방7급 20] (×)

제9조 (국적회복에 의한 국적 취득)

① 대한민국의 국민이었던 외국인은 법무부장관의 국적회복허가(國籍回復許可)를 받아 대한민국 국적을 취득할 수 있다.

② 법무부장관은 국적회복허가 신청을 받으면 심사한 후 다음 각 호의 어느 하나에 해당하는 사람에게는 국적회복을 허가하지 아니한다.

1. 국가나 사회에 위해(危害)를 끼친 사실이 있는 사람
2. 품행이 단정하지 못한 사람
3. 병역을 기피할 목적으로 대한민국 국적을 상실하였거나 이탈하였던 사람
4. 국가안전보장·질서유지 또는 공공복리를 위하여 법무부장관이 국적회복을 허가하는 것이 적당하지 아니하다고 인정하는 사람

• 병역기피목적으로 대한민국국적을 상실하였거나 이탈한 자는 절대로 국적회복이 허가되지 아니한다.
• 국적회복불허사유를 명시하고 있는 이유는 예측가능성 제고와 국적회복 거부처분에 대한 행정소송에 대비하고자 함이다.
• 국적회복의 경우에도 소급효는 없다.

1. 병역을 기피할 목적으로 대한민국 국적을 상실하였거나 이탈하였던 자에 대한 법무부장관의 국적회복허가는 재량사항이다. [법무사 14] (×)

제10조 (국적 취득자의 외국 국적 포기 의무)

① 대한민국 국적을 취득한 외국인으로서 외국 국적을 가지고 있는 자는 대한민국 국적을 취득한 날부터 1년 내에 그 외국 국적을 포기하여야 한다.

1. 대한민국 국적을 취득한 외국인으로서 외국 국적을 가지고 있는 자는 대한민국 국적을 취득한 날부터 2년 내에 그 외국 국적을 포기하여야 하며 이를 이행하지 아니한 자는 그 기간이 지난 때에 대한민국 국적을 상실한다. [지방7급 14] (×)

② 제1항에도 불구하고 다음 각 호의 어느 하나에 해당하는 자는 대한민국 국적을 취득한 날부터 1년 내에 외국 국적을 포기하거나 법무부장관이 정하는 바에 따라 대한민국에서 외국 국적을 행사하지 아니하겠다는 뜻을 법무부장관에게 서약하여야 한다. 〈신설 2010. 5. 4.〉

1. 귀화허가를 받은 때에 제6조제2항제1호·제2호 또는 제7조제1항제2호·제3호의 어느 하나에 해당하는 사유가 있는 자

2. 제9조에 따라 국적회복허가를 받은 자로서 제7조제1항제2호 또는 제3호에 해당한다고 법무부장관이 인정하는 자

3. 대한민국의 「민법」상 성년이 되기 전에 외국인에게 입양된 후 외국 국적을 취득하고 외국에서 계속 거주하다가 제9조에 따라 국적회복허가를 받은 자

4. 외국에서 거주하다가 영주할 목적으로 만 65세 이후에 입국하여 제9조에 따라 국적회복허가를 받은 자

5. 본인의 뜻에도 불구하고 외국의 법률 및 제도로 인하여 제1항을 이행하기 어려운 자로서 대통령령으로 정하는 자

③ 제1항 또는 제2항을 이행하지 아니한 자는 그 기간이 지난 때에 대한민국 국적을 상실(喪失)한다.

2. 대한민국 국적을 취득한 외국인으로서 외국 국적을 가지고 있는 자는 대한민국 국적을 취득한 날부터 그 외국 국적을 상실한다. [국회9급 20] (×)

제11조 (국적의 재취득)

① 제10조제3항에 따라 대한민국 국적을 상실한 자가 그 후 1년 내에 그 외국 국적을 포기하면 법무부장관에 신고함으로써 대한민국 국적을 재취득할 수 있다.

② 제1항에 따라 신고한 자는 그 신고를 한 때에 대한민국 국적을 취득한다.

제11조의2 (복수국적자의 법적 지위 등)

① 출생이나 그 밖에 이 법에 따라 대한민국 국적과 외국 국적을 함께 가지게 된 사람으로서 대통령령으로 정하는 사람[이하 "복수국적자"(複數國籍者)라 한다]은 대한민국의 법령 적용에서 대한민국 국민으로만 처우한다.

② 복수국적자가 관계 법령에 따라 외국 국적을 보유한 상태에서 직무를 수행할 수 없는 분야에 종사하려는 경우에는 외국 국적을 포기하여야 한다.

1. 대한민국 국적을 상실한 자가 그 후 1년 내에 그 외국 국적을 포기하면 법무부장관의 허가를 받아 대한민국 국적을 재취득할 수 있다. [경찰승진 19] (×)

제12조(복수국적자의 국적선택의무)

① 만 20세기 되기 전에 복수국적자가 된 자는 만 22세기 되기 전까지, 만 20세기 된 후에 복수국적자가 되는 그 후에 제13조와 제14조에 따라 하나의 국적을 선택하여야 한다. 다만, 제10조제2항에 따라 법무부장관에게 대한민국에서 외국 국적을 행사하지 아니하겠다는 뜻을 서약한 복수국적자는 제외한다.

② 제1항 본문에도 불구하고 「병역법」 제8조에 따라 병역준비역에 편입된 자는 편입된 때부터 3개월 이내에 하나의 국적을 선택하거나 제3항 각 호의 어느 하나에 해당하는 때부터 2년 이내에 하나의 국적을 선택하여야 한다. 다만, 제13조에 따라 대한민국 국적을 선택하려는 경우에는 제3항 각 호의 어느 하나에 해당하기 전에도 할 수 있다.

③ 직계존속(直系尊屬)이 외국에서 영주(永住)할 목적 없이 체류한 상태에서 출생한 자는 병역의무의 이행과 관련하여 다음 각 호의 어느 하나에 해당하는 경우에만 제14조에 따른 국적이탈신고를 할 수 있다.

1. 현역·상근예비역·보충역 또는 대체역으로 복무를 마치거나 마친 것으로 보게 되는 경우
2. 전시근로역에 편입된 경우
3. 병역면제처분을 받은 경우

• '영주할 목적 없이'는 주로 원정출산 등의 경우에 대비하기 위한 것이다.
• 영주할 목적 없이 출생한 자는 결국 병역의무를 마치거나, 면제되거나, 제2국민역에 편입되는 등의 방법으로 병역의무이행이 해결되어야 국적이탈신고를 할 수 있다.

---

1. 복수국적자는 병역준비역에 편입된 때부터 6개월 이내에 하나의 국적을 선택하여야 한다. [국회8급 20] (×)
2. 직계존속이 외국에서 영주할 목적 없이 체류한 상태에서 출생한 자는 병역의무 이행과 관련하여 병역면제처분을 받은 경우 국적이탈신고를 할 수 있다. [경찰승진 17] (×)

제14조(대한민국 국적의 이탈 요건 및 절차)

① 복수국적자로서 외국 국적을 선택하려는 자는 외국에 주소가 있는 경우에만 주소지 관할 재외공관의 장을 거쳐 법무부장관에게 대한민국 국적을 이탈한다는 뜻을 신고할 수 있다. 다만, 제12조제2항 본문 또는 같은 조 제3항에 해당하는 자는 그 기간 이내에 또는 해당 사유가 발생한 때부터만 신고할 수 있다.

② 제1항에 따라 국적 이탈의 신고를 한 자는 법무부장관이 신고를 수리한 때에 대한민국 국적을 상실한다.

- 국적상실은 외국 국적을 취득하거나, 대한민국 국적을 이탈한 때 발생한다.

1. 복수국적자로서 외국 국적을 선택하려는 자는 외국에 주소가 없어도 법무부장관에게 대한민국 국적을 이탈한다는 뜻을 신고할 수 있다. [국회8급 18] (×)

제14조의2(대한민국 국적의 이탈에 관한 특례)

① 제12조제2항 본문 및 제14조제1항 단서에도 불구하고 다음 각 호의 요건을 모두 충족하는 복수국적자는 「병역법」 제8조에 따라 병역준비역에 편입된 때부터 3개월 이내에 대한민국 국적을 이탈한다는 뜻을 신고하지 못한 경우 법무부장관에게 대한민국 국적의 이탈 허가를 신청할 수 있다.

1. 다음 각 목의 어느 하나에 해당하는 사람일 것

가. 외국에서 출생한 사람(직계존속이 외국에서 영주할 목적 없이 체류한 상태에서 출생한 사람은 제외한다)으로서 출생 이후 계속하여 외국에 주된 생활의 근거를 두고 있는 사람

　나. 6세 미만의 이동일 때 외국으로 이주한 이후 계속하여 외국에 주된 생활의 근거를 두고 있는 사람

2. 제12조제2항 본문 및 제14조제1항 단서에 따라 병역준비역에 편입된 때부터 3개월 이내에 국적이탈을 신고하지 못한 정당한 사유가 있을 것

② 법무부장관은 제1항에 따른 허가를 할 때 다음 각 호의 사항을 고려하여야 한다.

1. 복수국적자의 출생지 및 복수국적 취득경위
2. 복수국적자의 주소지 및 주된 거주지가 외국인지 여부
3. 대한민국 입국 횟수 및 체류 목적 · 기간
4. 대한민국 국민만이 누릴 수 있는 권리를 행사하였는지 여부
5. 복수국적으로 인하여 외국에서의 직업 선택에 상당한 제한이 있거나 이에 준하는 불이익이 있는지 여부
6. 병역의무 이행의 공평성과 조화되는지 여부

③ 제1항에 따른 허가 신청은 외국에 주소가 있는 복수국적자가 해당 주소지 관할 재외공관의 장을 거쳐 법무부장관에게 하여야 한다.

④ 제1항 및 제3항에 따라 국적이 이탈 허가를 신청한 사람은 법무부장관이 허가한 때에 대한민국 국적을 상실한다.

제14조의3(복수국적자에 대한 국적선택명령)

① 법무부장관은 복수국적자로서 제12조제1항·또는 제2항에서 정한 기간 내에 국적을 선택하지 아니한 자에게 1년 내에 하나의 국적을 선택할 것을 명하여야 한다.

② 법무부장관은 복수국적자로서 제10조제2항, 제13조제1항 또는 같은 조 제2항 단서에 따라 대한민국에서 외국 국적을 행사하지 아니하겠다는 뜻을 서약한 자가 그 뜻에 현저히 반하는 행위를 한 경우에는 6개월 내에 하나의 국적을 선택할 것을 명할 수 있다.

③ 제1항 또는 제2항에 따라 국적선택의 명령을 받은 자가 대한민국 국적을 선택하려면 외국 국적을 포기하여야 한다.

④ 제1항 또는 제2항에 따라 국적선택의 명령을 받고도 이를 따르지 아니한 자는 그 기간이 지난 때에 대한민국 국적을 상실한다.

1. 복수국적자가 「국적법」에서 정한 기간 내에 국적을 선택하지 아니한 경우에 법무부장관은 1년 내에 하나의 국적을 선택할 것을 명하여야 한다.

[경찰승진 20] (○)

2. 「국적법」에 따라 대한민국에서 외국 국적을 행사하지 아니하겠다는 뜻을 서약한 복수국적자가 그 뜻에 현저히 반하는 행위를 한 경우에 법무부장관은 6개월 내에 하나의 국적을 선택할 것을 명할 수 있다.

[입법고시 18] (○)

제14조의4(대한민국 국적의 상실결정)

① 법무부장관은 복수국적자가 다음 각 호의 어느 하나의 사유에 해당하여 대한민국의 국적을 보유함이 현저히 부적합하다고 인정하는 경우에는 청문을 거쳐 대한민국 국적의 상실을 결정할 수 있다. 다만, 출생에 의하여 대한민국 국적을 취득한 자는 제외한다.

1. 국가안보, 외교관계 및 국민경제 등에 있어서 대한민국의 국익에 반하는 행위를 하는 경우

2. 대한민국의 사회질서 유지에 상당한 지장을 초래하는 행위로서 대통령령으로 정하는 경우

② 제1항에 따른 결정을 받은 자는 그 결정을 받은 때에 대한민국 국적을 상실한다.

• 출생에 의하여 국적을 취득한 자가 대한민국 국가안보에 위해를 가하는 행위를 하였을 때 국적상실결정을 할 수 없다.

제14조의5(복수국적자에 관한 통보의무 등)

① 공무원이 그 직무상 복수국적자를 발견하면 지체 없이 법무부장관에게 그 사실을 통보하여야 한다.

② 공무원이 그 직무상 복수국적자 여부를 확인할 필요가 있는 경우에는 당사자에게 질문을 하거나 필요한 자료의 제출을 요청할 수 있다.

제15조(외국 국적 취득에 따른 국적 상실)

① 대한민국의 국민으로서 자진하여 외국 국적을 취득한 자는 그 외국 국적을 취득한 때에 대한민국 국적을 상실한다.

② 대한민국의 국민으로서 다음 각 호의 어느 하나에 해당하는 자는 그 외국 국적을 취득한 때부터 6개월 내에 법무부장관에게 대한민국 국적을 보유할 의사가 있다는 뜻을 신고하지 아니하면 그 외국 국적을 취득한 때로 소급(遡及)하여 대한민국 국적을 상실한 것으로 본다.

1. 외국인과의 혼인으로 그 배우자의 국적을 취득하게 된 자

2. 외국인에게 입양되어 그 양부 또는 양모의 국적을 취득하게 된 자

3. 외국인인 부 또는 모에게 인지되어 그 부 또는 모의 국적을 취득하게 된 자

4. 외국 국적을 취득하여 대한민국 국적을 상실하게 된 자의 배우자나 미성년의 자(子)로서 그 외국의 법률에 따라 함께 그 외국 국적을 취득하게 된 자

• 이혼은 국적상실 사유가 아니다.

• 외국의 영주권 취득은 국적상실 사유가 아니다.

• 미국시민권 취득은 국적상실 사유이다.

---

1. 대한민국의 국민으로서 자진하여 외국 국적을 취득한 자는 그 외국 국적 취득 신고를 한 때에 대한민국 국적을 상실한다. [지방7급 13] (×)

2. 대한민국의 국민으로서 외국인에게 입양되어 그 양부의 국적을 취득하게 된 자는 그 외국 국적을 취득한 때부터 1년 내에 법무부장관에게 대한민국 국적을 보유할 의사가 있다는 뜻을 신고하지 아니하면 그 외국 국적을 취득한 때로 소급하여 대한민국 국적을 상실한 것으로 본다. [국회8급 19] (×)

제18조(국적상실자의 권리 변동)

① 대한민국 국적을 상실한 자는 국적을 상실한 때부터 대한민국의 국민만이 누릴 수 있는 권리를 누릴 수 없다.

② 제1항에 해당하는 권리 중 대한민국의 국민이었을 때 취득한 것으로서 양도(讓渡)할 수 있는 것은 그 권리와 관련된 법령에서 따로 정한 바가 없으면 3년 내에 대한민국의 국민에게 양도하여야 한다.

---

1. 대한민국의 국민만이 누릴 수 있는 권리 중 대한민국의 국민이었을 때 취득한 것으로서 양도할 수 있는 것은 그 권리와 관련된 법령에서 따로 정한 바가 없으면 2년 내에 대한민국의 국민에게 양도하여야 한다.
[경찰승진 21] (×)

이론편

● 실질적 의미의 헌법과 형식적 의미의 헌법

구분	실질적 의미의 헌법	형식적 의미의 헌법
개념	**형식과 관계없이 헌법적 사항을 포함하고 있는 것**을 말한다.	내용과 관계없이 **헌법전의 형태로 존재하는 것**을 말한다. 형식적 의미의 헌법은 성문헌법과 동일한 개념이다.
종류	헌법전, 국회법, 정부조직법, 법원조직법	헌법전
기능	실질적 의미의 헌법은 국가인 한 모두 존재하며, 불문헌법국가에도 존재한다. 따라서 형식적 의미의 헌법은 물론 실질적 헌법도 국가형성적 기능을 담당한다.	헌법전의 형식으로 존재한다. 「영국에는 헌법이 없다」는 말은 형식적 의미의 헌법이 없음을 의미한다.
효력	존재형태에 따라 그 효력도 달라진다. **헌법전의 형태로 존재하면 최고법으로서 일반법률에 우선하는 효력이 인정**되고, 법률의 형태로 존재하면 헌법보다 하위인 법률문서와의 효력을 가진다. 요컨대 효력은 실질적 기준으로 정해진다.	형식적 의미의 헌법은 헌법전에 수록된 것으로서 그 **내용과 관계없이 법률에 우선**하는 효력을 가진다.
기타	형식적 헌법이지만 실질적 헌법이 아닌 것: 바이마르헌법의 금주조항, 미연방헌법의 금주조항, 스위스 헌법의 도살조항, 벨기에 헌법상 선혼인후거래조항(先婚姻後擧例項)(§16)등	

● 개정의 난이도에 따른 헌법 개념

구분	연성헌법	경성헌법
개념	일반법률과 동일한 절차와 방법으로 헌법을 개정할 수 있는 헌법이다.(영국헌법)	법률보다 까다로운 절차와 방법에 의해서만 헌법을 개정할 수 있는 헌법이다.

헌법의 개념과 발달

헌법 = Constitution Law(조직 구성의 법)

1. 고유한 의미의 헌법: 국가조직과 구성에 관한 기본법으로서 통치체계에 관한 기본사항을 정한 국가의 기본법을 말한다. 헌법의 국가구성적 기능을 의미한다. 즉 기본에 관한 내용이 없다. 고유한 의미의 헌법은 국가의 기본사항을 관한 기본조에 관한 통치구조를 규정한 것을 말한다. 국가가 존재하는 불문이건 성문이건 어떠한 형태로든 존재한다. 「국가가 있는 곳에 헌법이 있고, 헌법이 있는 곳에 국가가 있다」라는 말도 다는 표현한다.

  ㄴ 시민혁명으로 헌법에 기본권의 개념이 도입

- 프랑스 혁명: 급진적으로 전개(천부인권 강조)
- 영국: 점진적으로 전개(천부인권이 아니라 절차적 권리의 확인)
- 미국: 독립전쟁: 천부인권 강조
- 독일: 시민혁명을 거치 않음(외견적 입헌주의).

2. 근대 입헌주의 헌법: 시민혁명을 통해서 성립된 헌법으로서 기본권의 개념이 헌법에 도입되었다. 형식적 국민주권, 제한선거제

  ㄴ 반부적차의 심화로 국가의 기능이 확대되면서 현대사회국가 헌법등장

3. 현대 사회국가 헌법의 성립: 사회적 기본권의 보장, 경제에 대한 국가의 규제와 조정이 가능해졌다. 실질적 국민주권, 보통선거제의 확립

● 근대입헌주의 헌법과 현대사회(복지)국가헌법의 비교

구분	근대입헌주의헌법	현대사회국가헌법
주권과 선거권	형식적 국민주권 → 대의제 →제한선거	실질적 국민주권 → 보통선거
국민	국민은 주권의 보유자이지만 행사자는 아니다.	국민은 주권의 행사자이다.
국가관	소극국가(작은정부)·자유방임·야경국가	적극국가(큰정부)·행정·사회·조세·계획국가
경제체제	자유시장경제질서에 대한 국가의 개입을 최소화, 시장에 의한 자유로운 가격조절: 보이지 않는 손에 의한 가격 조절	자유시장경제질서를 기본으로 하되 국가의 규제와 조정을 넓게 인정하는 사회적 시장경제질서 내지 혼합 경제질서 표방
법치주의	형식적 법치주의(법률의 우위)	실질적 법치주의(헌법의 우위, 위헌법률심판제도)
평등권	형식적 평등(기회의 평등)	실질적 평등(결과의 평등)
권력분립	국가기관중심의 엄격한 권력분립(고전적 권력분립)	행정부의 강화(권력통합) → 고전적 권력분립 위기 → 기능적 권력통제론 → 헌법재판 인정
기본권의 본질	前국가적 권리성의 인식, 자연법상 권리·전부인권론, 자유권, 정치적 기본권 강조	자연권성의 기본은 유지하며 새로운 사회적 기본권 인정
재산권	재산권의 절대성 강조	재산권도 상대적 개념으로 파악
기본권의 효력	기본권은 주관적 공권 → 대국가적 효력(전부인권 및 항의적 성질의 권리 개념), 대국가적 효력 방어권	기본권의 이중성, 대국가적 효력, 기본권의 객관적가치질서성 → 국가의 기본권 보호의무, 기본권의 대사인적 효력
국제평화주의	부정	인정

● 한국헌법의 기본원리

국민주권원리	• 주권은 대내적으로는 최고의 권력이며 대외적으로는 독립의 권력이다. • 주권은 최고성 · 독립성 · 시원성 · 자율성 · 단일불가분성 · 항구성 · 실정법초월성 등을 본질적 속성으로 한다. • 우리헌법도 제60조에서 주권의 한계를 인정하고 있다.
자유민주주의 원리	• 자유민주주의는 우리헌법이 추구하는 핵심이념으로서 민주주의를 자유주의에 구속시키는 가치지향적 민주주의로서 민주주의가 보호하려는 방어적 민주주의의 한 내용이다.
사회국가원리	• 모든 국민에게 그 생활의 기본적 수요를 충족시킴으로써 건강하고 문화적인 생활을 영위할 수 있도록 하는 것이 국가의 책임이면서, 그것에 대한 국민의 권리로서 인정되어 있는 국가를 사회국가라 하고 이를 실현하려는 원리를 사회국가원리라고 한다. • 우리헌법은 건국헌법이래 사회적 기본권을 규정하는 방법으로 사회국가원리를 채택하고 있으며 사회국가원리에 대한 명시적 규정을 한 적은 없다. 현행헌법도 현법 전문(국민생활의 균등한 향상), 사회적 기본권 규정, 헌법 제119조(경제에 대한 규제와 조정) 등으로 사회국가원리를 채택하고 있다.
문화국가원리	• 오늘날 문화국가에서의 문화정책은 그 초점이 문화 그 자체에 있는 것이 아니라 문화가 생겨날 수 있는 문화풍토를 조성하는 데 두어야 한다. 즉 문화에 대한 불편부당한 정책을 하여야 한다.
법치국가원리	• 법치국가의 원리란 모든 국가적 활동과 국가공동체적 생활은 국민의 대표자인 의회가 지정한 법률에 근거를 두고(법률우위의 원칙), 법률에 따라(법률유보의 원칙) 이루어져야 한다는 헌법원리로서 행정법에 명문규정은 없으나 법치국가원리는 우리 헌법상의 기본원리 중의 하나로 인정된다. 법치국가에서 신뢰보호원칙이 나온다.
평화국가원리	• 평화국가란 국제협조와 국제평화의 지향을 그 이념적 기반으로 하는 국가를 말한다.

● 헌법관의 차이

	법실증주의	결단주의	통합주의
대표자	Jellinek, Kelsen	Schmitt	Smend, Hesse
연구 대상	주어진 헌법조문만을 대상. 자연법을 배격하고 실정법만 인식대상으로 함. 사실과 규범을 엄격히 구분하여, 모든 존재적 요소를 배격한다.	헌법제정권자의 결단의 내용	국가가 추구해야 할 근본가치
정치와 법	엄격히 구별	구별하지 않는다.	구별하지 않는다.
왜최고규범인가	헌법은 주어진 존재일 뿐이다.	제정권자의 결단이기 때문	근본가치이기 때문

			기본권의 이중성
기본권에 대한 인식	주관적 공권이 아니라 반사적 이익에 불과하다.(옐리네크)(행정) 옐리네크는 주관적 공권성을 인정하나 반사성인 권리로 파악한다.	전부인권으로서 주관적 공권(자연권)성 인정, 대국가적 방어권, 자유권만 진정한 기본권, 국가로부터의 자유를 강조한다. 자유주의 자유권	1. 주관적 공권성도 인정 사회적 기본권 강조, 국가를 향한 자유 2. 재로적 가치질서 → 국가의 기본권 보호의무, 기본권의 대사인효
통치구조	행정적 법치주의	기본권과 통치구조는 이원적 단절관계	기본권과 통치구조는 일원적 교차관계
헌법제정 한계	헌법제정의 한계 부정	헌법제정의 한계 부정	헌법제정의 한계 인정
헌법 개정 한계	헌법규범간의 등가성 → 헌법개정무한계설	근본 결단: 헌법 기타 결단: 헌법률 헌법률은 헌법을 넘을 수 없으므로 헌법개정한계설	근본가치가 헌법개정의 한계
관점	정태적 헌법관	동태적 미시적 헌법관	동태적·거시적 헌법관
국가	국가의 선재성 인정	국가의 선재성 인정	국가의 선재성 부정

보호의무의 수범자	1차적 수범자: 법치행정의 원칙상 1차적으로 국회가 법을 만들어야 기본권의 보호가 가능하다. 즉, 기본권보호의무의 1차적 수범자는 국회이다. 행정부와 사법부: 입법에 내용에 따른 집행과 재판을 통하여 기본권을 구체적으로 실현하게 되며, 이 과정에서 행정부와 사법부는 기본권의 보장의무를 담당하게 된다.
보호의 정도	국회가 법률 제정할 때는 여러 가지 여건을 고려하여 '최저'의 보호를 하여야 한다.
통제의 기준	과소보호금지의 원칙: 국가는 적어도 국민의 기본권적 법익을 보호하기 위하여 적절하고도 효과적인 보호조치를 취할 헌법이 요구하는 최저한의 보호수준에 미달하여서는 아니된다는 과소보호금지의 원칙이다. 헌법재판소의 기준: "헌법재판소로서는 국가가 특정조치를 취해야만 당해 법익을 효율적으로 보호할 수 있는 유일한 수단인 특정조치를 취하지 않은 때에 보호조치를 취하고 제시하고 있다. 위반을 확인하게 된다"고 판시하여 과소보호금지원칙의 의미를 '적절하고 효율적인 최소한의 보호조치'라고 ...
통제의 한계	1. 헌법재판소는 국민의 기본권 보장을 위한 보호조치가 전혀 이루어지지 않은 진정 입법부작위의 경우나, 채택한 보호조치가 기본권을 보호하기에 명백하게 부적합하거나 불충분한 경우에 한하여 위헌을 이유로 위헌 판단을 내릴 뿐 입법자에게 특정한 조치를 채택하도록 의무를 부과할 수 있는 권한에는 한계가 있다. 2. 권력분립의 원칙상 헌법재판소는 보호의무위반 보호의무를 부과하거나 한계가 있다.

● 기본권 경합과 충돌(기본권의 갈등)

기본권 경합	동일한 기본권 주체가 국가에 대해 여러 가지의 기본권을 주장할 때 어느 기본권을 우선시키는 가의 문제를 말한다.(대국가효)
기본권 충돌	둘 이상의 기본권 주체가 주장하는 기본권이 충돌하는 경우 누구의 기본권을 우선시키는 가의 문제를 말한다.(대사인효)
특징	기본권 갈등은 기본권 해석의 문제이며 기본권 제한이 기본권의 효력에 관한 문제이다.

● 기본권 경합의 해결 방법

(1) 특별우선의 원칙(일반적 기본권과 특별 기본권이 경합하는 경우)

일반적 기본권과 특별기본권이 경합하는 경우, 「특별법우선의 원칙」에 따라 침해에 당해 행위에 적용될 수 있는 기본권 중 특별법적 지위에 있는 기본권이 우선 적용된다. 대표적으로 ① 행복추구권과 다른 기본권이 경합하면 행복추구권은 별도로 검토하지 아니한다. ② 공무담임권은 직업선택의 자유에 대한 특별기본권이므로 직업의 자유는 배제되고 공무담임권을 적용한다.

(2) 판례

재청신청이고 재정불법인의 의도 및 기본권을 제한하는 입법자의 객관적 동기 등을 참작하여 사안과 가장 밀접한 관계에 있고 또 침해의 정도가 큰 주된 기본권을 중심으로 해서 그 제한의 한계를 판단한다.

경찰청장 퇴직후 2년간 정당가입금지 사건: 제한되는 기본권은 정당의 자유이고 공무담임권은 제한되는 기본권으로 고려되지 아니한다. 정당의 가입금지는 자유민주적 질서를 위반하는 정도에 바금가는 것이어야 한다.

● 기본권 충돌의 해결 방법

(1) 이익형량의 원칙

이익형량의 원칙이란 상이한 기본권 주체 간에 기본권이 서로 충돌할 경우, 그 효력의 우열을 결정하기 위해서 양자의 이익을 형량하여 보다 우월한 이익을 우선시키는 해결하는 방식이다.(기본권 서열이론) 예컨대, 참여권 보다는 참여권이 상위 기본권이므로 참여권에 의해서 참여권에 대한 제한이 가능하다.

(2) 규범조화적 해석에 의한 방법

규범조화적 해석이란 어느 하나의 기본권만을 타 기본권에 우선시키지 않고 헌법의 통일성을 유지하기 위해서 상충하는 기본권 모두가 최대한으로 그 기능과 효력을 나타낼 수 있는 조화의 방법을 찾으려는 것이다. 예컨대, 언론보도에 의한 사생활의 침해가 있는 경우 정정보도를 인정하는 것이다.

◆ 진정소급입법과 부진정소급입법

	진정소급입법	부진정소급입법
개념	진정소급입법이란 과거에 이미 완성된 사실이나 법률관계를 대상으로 하는 입법을 말한다.	과거에 시작되었으나 현재 진행 중인 사실관계 또는 법률관계에 작용케 하는 입법을 말한다.
허용여부	원칙적 금지 진정소급입법의 예외적 허용 ① 국민이 소급입법을 예상할 수 있는 경우 ② 법적 상태가 불확실하고 혼란스러워 보호할 만한 신뢰이익이 적은 경우 ③ 소급입법에 의한 당사자의 손실이 없거나 아주 경미한 경우 ④ 신뢰보호의 요청에 우선하는 심히 중대한 공익상의 사유가 소급입법을 정당화하는 경우	원칙적으로 허용 부진정소급입법의 예외적 금지 소급효를 요구하는 공익상의 사유와 신뢰보호의 요청 사이의 교량과정에서 신뢰보호의 관점이 입법자의 형성권에 제한을 가하게 된다.

◆ 위헌법률심판(한가 사건)과 위헌심사형 헌법소원(헌바 사건)

우리나라는 구체적 규범통제만 인정하고 추상적 규범통제는 인정되지 않는다.

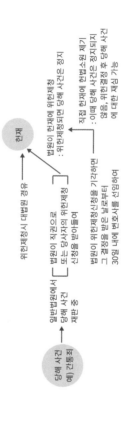

▲ 현재에 위헌제청 할 때는 대법원을 경유해야 한다.

▲ 당사자의 위헌제청신청은 당해 사건의 전 심급을 통해서 한 번만 할 수 있다.

▲ 권리구제형 헌법소원(헌마)은 국민만 가능하고 국가기관은 할 수 없지만, 위헌심사형 헌법소원(헌바)은 국가기관인 행정청도 가능하다.

※ 두 사건의 공통점

(1) 대상

법률＋법률과 동일한 효력을 가진 ┌ 대통령의 긴급명령, 긴급재정경제명령
└ 국회의 동의를 받은 조약
└ 관습법

→ 헌법조문이나 법규명령 등에 대해서는 불가

(2) 재판의 전제성

1) 재판

모든 종류의 재판을 포함한다.

2) 전제성

① 당해 사건이 적법하게 계속 중일 것. 위 사례에서 간통죄가 취하나 각하되지 않을 것

② 해당 조문이 당해 사건에 직접 적용되는 조문일 것. 단 밀접한 관련이 있으면 간접적용되는 조문도 가능

③ 위헌 결정이 나면 다른 내용의 재판을 하게 되는 경우일 것. 다른 내용의 재판은 판결의 주문이 달라지는 경우와 판결의 이유를 달리하는 경우를 포함한다(위 사례에서 간통죄가 위헌 결정이 나면 당해 사건은 무죄판결이 나게 된다)

● 권리구제형헌법소원(헌마 사건)

(1) 청구인 능력(기본권 주체성)

① 자연인인 대한민국국민은 모두 인정. 태아는 제한적으로 생명권의 주체성 인정. 배아는 기본권주체성 부정

② 외국인: 기본권에 따라 다르다. 자유권은 대체로 인정
　　　　 정치적 기본권은 부정
　　　　 사회적 기본권은 경우에 따라 다르다.

③ 법인: 사법인은 원칙적으로 인정
　　　　 공법인은 원칙적으로 부정(서울대학교, 한국방송공사는 인정되는 경우가 있다)

(2) 공권력의 행사 또는 불행사

① 원칙적으로 입법 · 행정 · 사법의 모든 공권력이 대상이 된다. 다만 법원의 재판은 헌법재판소법에 의해 헌법소원의 대상이 아니다. 법원의 재판이 헌법소원의 대상이 되는 유일한 예외는 헌재가 위헌으로 결정한 법령을 적용하여 기본권을 침해한 재판이다.

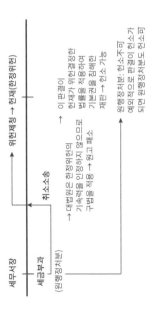

세무서장 ─────────────→ 위헌제청 → 현재(한정위헌)

세금부과 ← 취소소송 → 이 판결이

(위헌정치분) 현재가 위헌결정한

→대법원은 한정위헌의 법률을 적용하여

기속력을 인정하지 않으므로 기본권을 침해한

구법을 적용 → 읽고 패소 재판 → 헌소 가능

원행정치분: 헌소 不可

예외적으로 판결이 헌소가

되면 원행정치분도 헌소可

② 법률은 집행행위의 매개없이 직접 기본권을 침해하면 헌법소원의 대상이 된다.

③ 법규명령도 집행행위의 매개없이 직접 기본권을 침해하면 헌법소원의 대상이 된다.

④ 행정규칙은 원칙적으로 헌법소원의 대상이 아니지만 재량준치나 법령보충적 행정규칙은 집행행위의 매개없이 직접 기본권을 침해하면 헌법소원의 대상이 된다.

⑤ 입법부작위는 진정입법부작위만 헌법소원의 대상이 된다. 부진정입법부작위는 부작위를 대상으로 하는 헌법소원은 안되지만 법률의 내용을 대상으로 하는 헌법소원은 가능하다.

⑥ 행정입법부작위는 헌법소원의 대상이 된다.(대법원이 행정입법부작위에 대해 부작위위법확인소송을 인정하지 않기 때문이다)

※ 입법부작위의 종류와 구제

	단순입법부작위	진정입법부작위	부진정입법부작위
개념	단순히 입법을 하지 아니하고 있는 상태를 말한다.	헌법상 명시적 입법의무가 있거나, 헌법의 해석상 입법의무가 있는 사항에 관하여 국회가 전혀 입법을 하지 아니하는 '입법의 흠결'을 말한다 (즉, 입법권의 불행사).	국회가 어떤 사항에 관하여 입법은 하였으나 그 입법의 내용 등이 불완전, 불충분 또는 불공정하게 규정함으로써 '입법행위에 결함'이 있는 경우를 말한다(즉, 결함이 있는 입법권의 행사).
헌법소원 가능성	불가	입법부작위를 대상으로 하는 헌법소원 가능	입법부작위를 대상으로 하는 헌법소원은 불가. 법률자체를 대상으로하는 것은 가능
청구기간		제한이 없음	제한이 있음

(3) 헌법상 보장된 기본권의 침해가능성이 있어야 한다. 가능성만 있으면 되고 침해여부는 본안의 문제이다.

(4) 당사자 적격

① 자기관련성: 침해되었다고 주장하는 기본권이 청구인 자신의 것이어야 한다. 즉 다른 사람의 기본권을 대신 주장하는 것은 허용되지 않는다.

② 직접성: 주로 법률을 대상으로 하는 헌법소원에서 집행행위를 매개하지 않고 침해하는 경우이어야 한다.

③ 현재성: 기본권 침해는 현재 계속되고 있어야 하는 것이 원칙인데 예외가 있다.

(5) 권리보호이익

재판의 결과 신청인의 법적 지위가 향상될 가능성이 있어야 한다. 행정소송의 소의 이익과 같은 개념이다. 헌법이 소송의 특성상 주관적 권리보호이익이 없어도 기본권 침해의 반복 가능성과 헌법적 해명의 필요성이 있으면 객관적 권리보호이익이 인정되는 경우가 있다

(6) 보충성 원칙

헌법소원을 제기하기 전에 다른 법률이 정한 구제절차를 모두 가쳐야 한다. 이때 다른 법률이 구제절차는 해당 공권력을 직접 대상으로 하는 것이어야 한다. 따라서 손해배상 등은 가지지 않아도 된다.

(7) 변호사 강제주의

(8) 청구기간의 준수

원칙적으로 해당 공권력의 행사가 있었음을 안날로부터 90일, 있은 날로부터 1년 내에 제기해야 한다.